南京城市文脉

颐和路

尹 引 著

南京出版传媒集团
南京出版社

图书在版编目（CIP）数据

颐和路 / 尹引著. -- 南京：南京出版社，2025.
4. --（南京城市文脉丛书）. -- ISBN 978-7-5533
-5181-0

Ⅰ. K295.31

中国国家版本馆CIP数据核字第2025SK2338号

丛 书 名	南京城市文脉
书　　名	颐和路
著　　者	尹　引
出版发行	南京出版传媒集团
	南 京 出 版 社
社　　址	南京市玄武区太平门街53号
邮　　编	210016
联系电话	025-83283873、83283864（营销）　025-83112257（编务）
策划统筹	卢海鸣　徐　智
责任编辑	崔龙龙
装帧设计	赵海玥
责任印制	杨福彬
排　　版	南京新华丰制版有限公司
印　　刷	南京凯德印刷有限公司
开　　本	787毫米×1092毫米　1/32
印　　张	4.75
字　　数	70千
版　　次	2025年4月第1版
印　　次	2025年4月第1次印刷
书　　号	ISBN 978-7-5533-5181-0
定　　价	28.00元

总　序

　　南京自然环境优越，文明起源古老，历史积淀深厚，文化遗产众多，作为我国第一批历史文化名城和闻名中外的世界文化之都，享有"六朝古都""十朝都会"的美誉。古往今来，历史与文化的潮起潮落，不断拍打着这座古老的城市。六朝艺术的绝代风华，南唐文艺的尤重文雅，明清文化的宏大气象，民国小说的转型发展，南京的城市文脉犹如一幕幕接续上演的大戏，其渊源之绵长、成就之突出、风格之多元，令人目不暇接。从昔日的"天下文枢"到今天的"文学之都"，南京的文脉仍在延续，以一种深沉而持久的力量滋养着城市的发展。

　　南京的城市文脉如同一部厚重的史书，记录着所在地域乃至中华文明的发展变迁和兴衰荣辱。在南京这座城市里，每一块砖石都镌刻着历史的沧桑，每一座建筑都诉说着过往的故事，每一条道路、街巷都承载着文化的记忆。正如朱自清先生所说："逛南京像逛古董铺子，到处都有些时代侵蚀的遗痕。"乌衣巷里的王谢两大家族，对中国的书画艺术产生过深远影响；龙蟠里内氤氲的浓浓书香，折射出明清时期南京文人墨客的无尽风流；成贤街上林立的文教机构，奏响了一曲曲不辍弦歌，培育出一代代国之栋梁；下关大马路边热闹繁忙的口岸码头和中西交融的各类建筑，催生了近代南京城市转型期的文化意象。斜阳草树，寻常巷陌。千百年来，一条条道路、街巷在构成南京城市空间和肌理的同时，也总是在不经意间见证着城市文脉的发展演变，犹如一座座舞台，共同奉献出让人们眼花缭乱、叹为观止的大戏。

在现代化快速发展的今天，如何在城市更新过程中保护好城市文脉，让道路、街巷沿线的文化遗产焕发新的生机，成为当前的热点和现实问题。为了深入挖掘南京城市文脉的表现形式和丰富内涵，探索传统文化与现代文明融合发展的新路径，让南京在新时代焕发出更加绚丽的光彩，我们推出了这套"南京城市文脉"丛书。丛书每册聚焦一条道路或街巷，以大众普及的方式，图文并茂地讲述其沿革过程、掌故传说、名人轶事、机构建筑等，从历史、文化、艺术、社会价值等方面，充分展现多样的城市文脉，推动城市文化遗产的保护利用。同时，期望这套体量不大的"口袋书"，能够为广大读者寻访街巷、发现南京提供便利，探索更多有趣的文脉话题。

目 录

下篇　颐和路现状

前　言

颐和路位于现在的江苏省南京市鼓楼区，西南至东北走向，西南到西康路、天竺路，东北到江苏路圆环，与山西路、江苏路、宁海路、珞珈路以及四卫头交会，中间与琅琊路、牯岭路交会。

颐和路不长，仅约600米，是颐和路历史文化街区十几条马路中的一条，但在颐和路历史文化街区有着特别的地位。

国民政府于1927年定都南京后，为了改善首都的城市面貌，颁布了一项宏伟的城市规划——《首都计划》。在这一规划的指导下，南京城开始了一系列的现代化建设。

颐和路便是在这样的背景下诞生的，它不仅见证了南京的历史沧桑，也映射出了中国社会的风云变幻。

1930年4月，南京开始住宅区建设，首选之地即在"中山路之西，大方巷附近一带"，准备建成"模范住宅区", 后定名为"新住宅区", 其目的就是"促进鼓楼以北中山路之繁荣"。

新住宅区通过山西路接入中山路（即现在的中山北路）, 而延伸进新住宅区的一段道路（即现在颐和路的东段）, 最初也是山西路的一部分, 1933年底才被赋予"颐和"之名。

颐和路处于新住宅区第一区的中心地带, 串联住宅区内其他各条马路, 由此可见其重要性。

至1937年12月, 新住宅区第一、第四区初具规模, 但相应的商场、菜场、俱乐部、运动场等配套设施尚未建设。

南京沦陷后, "维新"政府时期, 新住宅区的房屋被重新整修。汪伪政府成立时, 汪伪党政要人进驻新住宅区, 从而使得新住宅区开始带有"高官住宅区"的性质。

抗战胜利后, 随着国民政府高官及各国使领馆的进驻, 新住宅区的"高官住宅区"属性得以延续, 并又增添"公馆区"的特性。

如今以颐和路为中心的颐和路历史文化街区, 依然较为完好地保存着两百多幢民国建筑, 街区的整体风貌、空间尺度也基本保持着当年的格局。

　　民国时期许多重要的人物都曾居住于此，许多政治事件也发生于此，将这些历史印记保存下来，可以更好地凸显颐和路历史文化街区的历史价值和人文价值。

上篇

颐和路历史

新住宅区建设

1927年4月18日，国民政府定都南京。关于定都后的市政建设思路，国民政府主要通过《民国日报》对外发布的。

《民国日报》于1916年1月在上海创刊，是中华革命党人在反对袁世凯的斗争中创办的报纸。筹办人陈其美，叶楚伧任总编辑。1924年中国国民党第一次全国代表大会后，《民国日报》成为中国国民党的机关报。1925年11月，《民国日报》成为国民党右派西山会议派的报纸。1927年以后，《民国日报》成为隶属国民党中央宣传部的机关报。

4月25日，《民国日报》增设《建设》版，声称"革命军进展到长江了，半壁江山已在青天白日之下了，恶势力和一切革命的障碍次第在我们眼前崩坏，革命的成功为期不远了，今后的努力更须从建设方面下功夫"，并表明刊物的旨趣是"根据先总理的建国大纲，作普遍的宣传与实际的设计"。

　　《建设》版所刊内容由中华建业合作社编辑。中华建业合作社的核心成员为洪兰友、陈和甫和许心武。

　　洪兰友，江苏扬州人。1924年毕业于上海震旦大学。1927年7月，任财政部劳工局科长。1928年，任南京市政府秘书。1929年6月，任首都建设委员会秘书。1932年，任国民党中央组织部秘书、司法院法官训练所所长。1935年11月，当选为国民党第五届中央执行委员。1945年5月，连任国民党第六届中央执行委员。1946年11月，当选为"国大代表"，并任国民大会秘书长。1948年，任孙科内阁内政部部长。

　　陈和甫，江苏扬州人。1922年毕业于上海震旦大学。1928年12月，任建设委员会技正（建筑）；次年5月，调任建设委员会设计委员。1929年4月，任南京特别市参事；9月，任南京特别市工务局局长，同月也被聘为首都建设委员会顾问。1934年4月，任国民政府导淮委员会工程处技正。1948年4月，任淮河水利工程局工务处处长。1949年后，任淮河中上游工程局副局长等职。

工务局局长陈和甫
（《首都市政公报》1929年国庆纪念特刊）

许心武，江苏扬州人。1917年毕业于南京河海工程专门学校特科。1927年7月，任国民政府财政部土地处第二科科长。1928年1月，任国民党中央组织部干事；3月，任国民党中央组织部编审课主任。1929年6月，任首都建设委员会秘书。之后，历任导淮委员会主任工程师，河南大学校长，黄河水利委员会总工程师，中央大学水利系系主任，复旦大学教授等职。1949年后，先后在华东军政委员会水利部、华东设计院、上海市设计院等处任职。

陈和甫在1927年5月9日《建设》版"第二号"

上发表文章《随便谈谈改造南京的市政》，讲述南京建设的设想。

陈和甫认为首先要"组织一个顾问委员会，集合长于市政方面的政治家、经济家、法律家，和土木、水利、机械、电机、化学、卫生各种工程师，定一个切实的透彻的计划，由此产生一个完备的市政组织，树立百年的改造基础"。接着要"着手分划市区"，设定应有"商业区域""工业区域""公共机关区域""公共娱

陈和甫在《建设》版"第二号"上发表《随便谈谈改造南京的市政》（《民国日报》1927年5月9日）

乐区域""学校区域"和"住宅区域"。并认为"市政区域分划了，才可以谈到道路的系统"。

最后，陈和甫提到："自然，这样大的一个都会不是短时期所能造成的，但进行必须有一定的秩序，估计人口的增加率，分别时期，以次建筑，却是最要紧的一点。"

5月30日，陈和甫又在《民国日报》《建设》版"第五号"以笔名"苍"发表了《都市计划的要点》，强调都市计划的核心就是"分区的计划"，认为分区的计划实现后，其他诸如"道路的计划""交通的计划""公共娱乐的计划"，以及"房屋段落的计划"就可以迎刃而解了。

南京的市政建设工作主要由工务局来负责的。

南京特别市的首任市长刘纪文于5月24日派陈扬杰为工务局筹备处负责人。不久，刘纪文辞去市长职务，何民魂接任。而陈扬杰依然担任工务局局长。

刘纪文于1928年7月复任南京特别市市长，陈扬杰仍然为工务局局长。

1929年3月，因中山大道施工进度延误，陈扬杰则被刘纪文免去工务局局长的职务，而由金肇组代理工务局局长。

陈和甫于1929年4月被委任为南京特别市参事，主要督促中山大道的建设之事。7月，陈和甫以参事之职代理工务局局长。9月，陈和甫被正式委任为工务局局长。

1929年6月，首都建设委员会主席蒋介石呈请国民

陈和甫任工务局局长后的首要任务就是继续修筑中山大道（《中央日报》1929年7月5日）

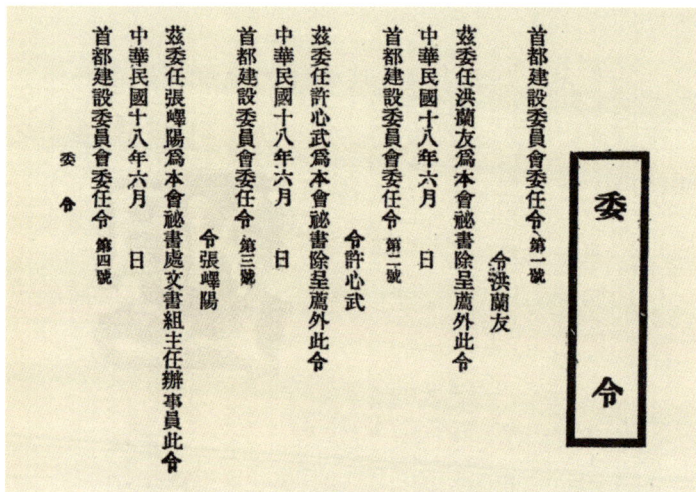

1929年6月22日，首都建设委员会举行第一次全体会议。会后委任洪兰友和许心武为首都建设委员会秘书

政府任命洪兰友、许心武为首都建设委员会秘书，得到批准。

洪兰友主要参加首都建设委员会的常务会议，而陈和甫则主要参加南京特别市的市政会议。

1929年7月—1930年1月，首都建设委员会召开了十七次常务会议。

蒋介石为首都建设委员会主席，赵戴文、孔祥熙、宋子文、孙科为常务委员，刘纪文为秘书长。不

陈和甫为市政府参事，洪兰友为市政府秘书，均住"东钓鱼巷十一号"（《南京特别市市政府职员录》，1929年6月编印）

过蒋介石、宋子文并未参加过一次常务会议。

孔祥熙参加了全部的十七次常务会议，除第七次由孙科任会议主席之外，其他十六次，均由孔祥熙任会议主席。

刘纪文参加了十五次常务会议，仅缺席了第二、第十三次。

赵戴文参加了十次常务会议，分别是第一、第二（王廷飏代）、第三（王廷飏代）、第四、第五（王廷飏代)、第六(王廷飏代)、第八(王廷飏代)、第九、第十二、第十三次。

孙科参加了八次常务会议,分别是第三、第四、第七、第八、第九、第十五(孙谋代)、第十六(沈祖伟代)、第十七次(沈祖伟代)。

十七次常务会议,洪兰友全程列席会议。

这段时间内,南京市政府共举行了62次市政会议(第42—103次),刘纪文因有病及有公事缺席了3次,第47、50次由秘书长张道藩,第56次由秘书长钱沄代行主席之职。陈和甫仅缺席一次,为12月20日的第80次,由张剑鸣代为参加。

1930年4月15日下午2时,首都建设委员会第一次全体大会在励志社大礼堂举行。蒋介石、谭延闿、胡汉民、陈果夫、孙科等300余人参加了开幕式。

16—17日,提案审查委员共分四组,审查各委员提交的47项提案。许心武被分在第一组,洪兰友被分在第三组。

第一组审查关于首都交通、水利、港埠之规划及一切大规模工程建议事项,由张静江召集。

第二组审查关于建设首都经费之筹措事项,由孔祥熙召集。

第三组审查关于首都区域内土地之整理及工商农林之发展事项，由魏道明召集。

不属于上列三组的提案由大会主席临时指定委员审查。刘瑞恒、魏道明、刘纪文、董修甲、叶楚伧、刘庐隐、洪兰友被指定为临时审查组委员。

18日，首都建设委员会将大会开会情形备文呈请国民政府鉴核备案。

19日，首都建设委员会通电全国各级党部、机关、团体，报告大会开会情形。

至此，首都建设全面展开。

1930年4月，国民政府任命刘纪文为江海关监督，同时免去其南京特别市市长职务。此时，陈和甫也辞去了工务局局长之职。

4月19日，魏道明接任南京特别市市长。

魏道明接任之后便提议"圈地建筑模范区"。魏道明选中的地点就是"中山路之西，大方巷附近一带空地"，认为此地"位置当全城之中，甚适于住宅区之用"，故计划"圈地三千余亩，建筑模范住宅区，借以促进鼓楼以北中山路之繁荣"。

1931年初，洪兰友、许心武仍为首都建设委员会秘书，刘纪文、陈和甫则为首都建设委员会专门委员［国民政府文官处印铸局编《职员录（中华民国二十年一月第一期）》，1931年出版］

经首都建设委员会审查，认为魏道明的方案选定地段和办法均好，只建议将"模范区"改为"新住宅区"。

"新住宅区"计划分为四区，首先开发第一区。

计划在第一区的中央设一座大广场，中心为喷水池，四周设置座椅。区内马路与各处相通。区内建儿童运动场一处，网球场四处。建俱乐部，备本区居民婚丧嫁娶之用。建有小学校，专收本区学

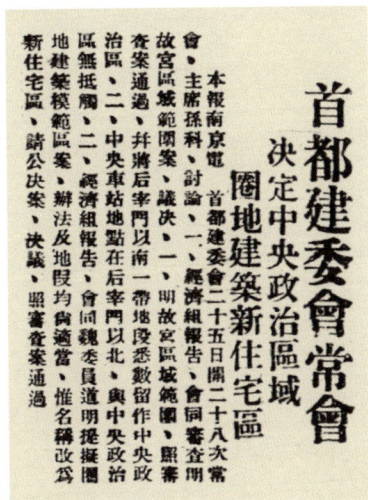

魏道明提议建设"模范住宅区",首都建设委员会常委会批准同意,但将名称改为"新住宅区"(《民国日报》1930年6月26日)

童。建有菜市、洗衣房、杂货店,专供本区居民采购。并说明,在自来水工程未完成之前,本区自行开凿自流井,装建水塔,安置水管,直通各宅。此外,如沟渠设备、卫生设备、电灯电线设备、防火设备,均力求完备。

不过"新住宅区"的建设不是一蹴而就的,而"颐和路"也是在新住宅区的建设过程中逐步"诞生"的。

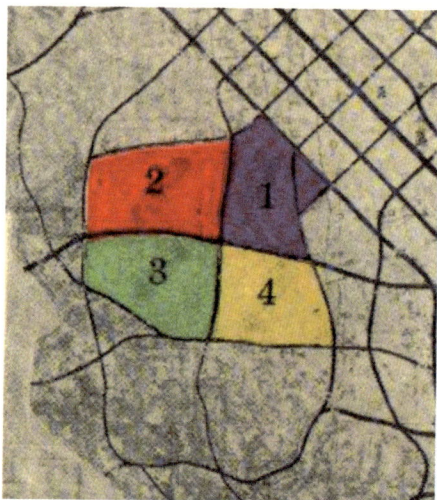

现在颐和路公馆区的范围，主要就是图中所标"1"的范围［《南京市新住宅区（亦名花园住宅区）图案及领地建筑章程》，南京市政府1930年10月印行］

下面按时间顺序，简略叙述"新住宅区"的建设情况。

1930年8月，南京市政府开始征收大方巷至古林寺一带空地。土地征收委员会审议，核算每方地价，以三元至五元为标准。

10月，新住宅区接中山路的一段马路，即《首都干路定名图》中规定的山西路，开始测绘及初步设计。

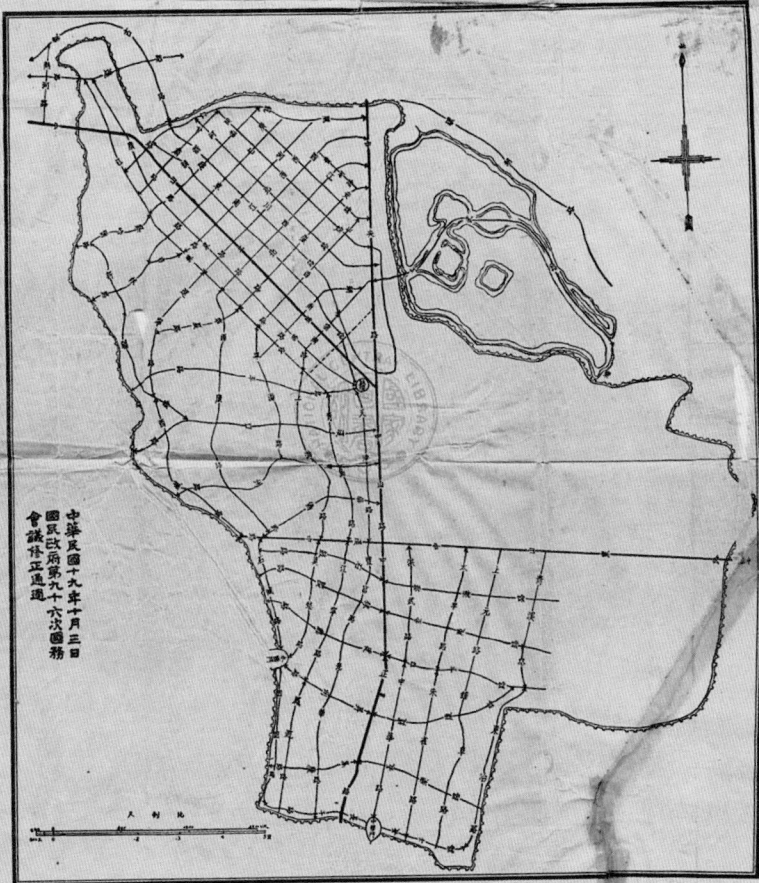

国民政府第96次国务会议修正通过《首都干路定名图》
（1930年10月3日）

新住宅區

限期遷讓坟墓

△限於佈告後十日內

本市新住宅區計劃圖樣，經首都建設委員會審議，決定前

呈准內政部核准公告後市府即經飭派工隊，先予關治幹始計，茲開第一區計

劃：即將實行，所有新住宅區，以便分區進行，全部坟墓，自應限期遷讓，以免妨礙工事，昨由工務局佈

告該區內居民，自示之後，於十日內，分別將自有坟墓遷出區外安適地方，以利進行，逾期即由該局派工代遷云。

迁坟是建设新住宅区前期的重要工作之一（《中央日报》1930年12月10日）

12月，工务局发布公告，限期将新住宅区区域内的坟墓迁走，并开始招商承办新住宅区内自流井。

1931年1月，工务局、土地局发布公告，禁止砍伐新住宅区内所有土地上树木、竹林。

2月，第一区的土方整理完毕，第二区完成过半。工务局拟定了新住宅区的道路布置图及广场计划。中山路通新住宅区的干路（即山西路）的建设，于2月开标。

3月，第一区放领者已有三分之二。第二、三、四区计划，也由首都建设委员会工程建设组审定。山

西路由利源营造厂中标建设。验收新住宅区自来水管（上海祥丰直浇铁管厂承制）。

4月，发给新住宅区第一、第二区坟墓迁葬费。土地局、工务局发布公告，新住宅区内旧有房屋尚未拆迁的，应于5月1日前自行雇工拆除。

5月，因山西路为进入新住宅区的唯一要道，故内政部核准公告，令土地局迅速办理征收土地手续，山西路第一段长约500米，宽18米，面积约十二亩半，第

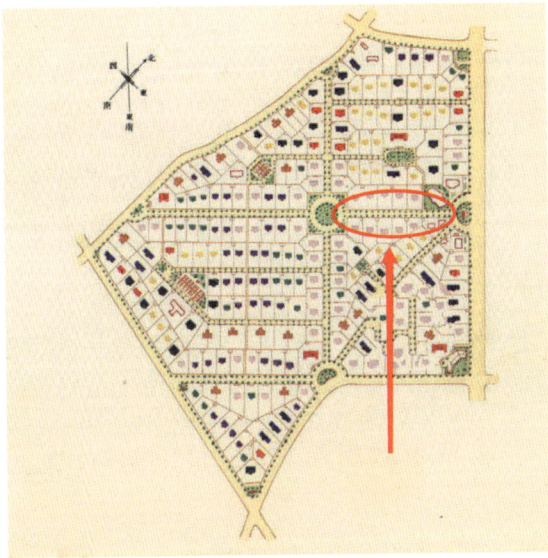

图中所示为1931年时作为山西路的延伸部分，是新住宅区接入中山大道的重要通道

二段长约180米。筹建新住宅区第一区俱乐部，经费预算为六万九千元。订立新住宅区第七干路工程合同。

此处的山西路（第二段），即为现在颐和路的东边部分。

6月，第一区甲种住宅开标，赵顺记为得标人。

7月，山西路快车道石片、沙土已分别铺成，开始铺设慢车道、人行道。

8月，开辟新住宅区第七干路。

1931年夏—1932年5月，新住宅区建设进度较缓。

建设缓慢的主要原因有以下几点。

一是1931年夏天的江淮水灾。中国几条主要河流，如长江、珠江、黄河、淮河等都发生特大洪水，水灾受灾区域大，南京也是重灾区。水灾的影响是方方面面的。

二是时局的影响。即1931年的"九一八"事变和1932年的"一·二八"事变。

三是南京市政府与原业户之间就土地征收的纠纷。

土地征收，从一开始就受到原业户的抵制。

以农民协会干事许生保等人为主，与市政府、内

1931年江淮大水，洪灾涉及河南、山东、江苏、湖北、湖南、江西、安徽、浙江等省，南京的灾情也很严峻（《新中华报》1931年7月28日）

"九一八"后，社会局局长李捷才谈"救灾与救国"（《新中华报》1931年9月29日）

政部、土地局进行多次交涉，都没有得到双方满意的结果。

1930年8月15日，许生保以古林寺一带土地为农民生计为由，请求市政府免于征收该处之土地，被市政府拒绝。

9月2日，许生保等人以地价过低为由，呈请土地局重新议定地价。一方面指出土地局派员调查所得地价，不能代表古林寺一带地价的整体水平。还向内政部提起诉愿，请求土地征收审查委员会召集业户协议地价。然而内政部以其不符合诉愿的法定程序为由，拒绝接受办理其诉愿案。

1931年5月27日，第一区不满地价的农民，以石玉书的妻子和嫂子，并蒋寡妇为首，乘工程队筑路之时，一起围殴，致使监工员受伤。29日，工程队继续工作，一众妇女继续阻挠，工务局局长赵志游和第九警察局局长万宁前往劝导，该区民众不让赵、万离开，包围的人数达两三百人，万局长调来警察几十人，突围过程中，司机撞伤两人。

南京市党部对古林寺征收土地纠纷案极为关注，事件发生时，即派特派干事前往肇事地点，从事调解。

6月2日，市党部致函内政部、首都建设委员会、市政府、首都警察厅等机关，并定于3日在市党部会议室开谈话会，交换解决事件的具体意见。而农民一方，则携带呈文，赴中央党部、国民政府、行政院、市党部等处请愿，要求一是撤办工务局局长，并赔偿受伤者医药费及其他损失。二是按照土地征收办法，妥与业户协议地价，其土地之亩数，以地契记载四面至邻界为标准。

市党部派干事前往古林寺调解，并邀内政部、首都建设委员会、市政府、首都警察厅等机关开谈话会（《中央日报》1931年6月3日）

6月24日，南京市党部第126次执委会就古林寺住宅区土地纠纷案，呈请中央函国民政府饬主管机关分别核办。

7月30日，行政院亦有批复传至内政部和南京市政府。

9月16日，对于许生保等人的诉愿，南京市政府提交土地征收审查委员会复议，决定每方地价增加3元，如业主不愿将土地出卖，允许业主按章缴纳住宅区的建设费（每方20元）。

12月，工务局开始计划新住宅区下水道工程。下水道工程采用分流制，将雨水及污水分别埋设沟管。

1932年11月，南京市政府发布《南京市新住宅区第一区征收给价及承领土地等事办法》，将第一区地价由2385元/亩降为1500元/亩（即每方25元，其中每方地价6元，建设费19元）。这样既增加了原业主的土地出让收入，又降低了新业主购买土地的费用。原业主不愿将土地出卖，只要原业主缴纳建设费，可优先报领土地。

1933年5月，南京市政府公布《南京市新住宅区建筑章程》。此版章程与1930年10月印行的《南京市新住宅区（亦名花园住宅区）图案及领地建筑章程》相比基本相同。有改动之处在于"第四条"，1930年版规定住宅高度为12米，而1933年版为13米；"第六条"，1930年版规定围墙高度不得高于1.8米，而1933年版为2.5米。另就是1933年版删去一条规定，1930年版有这样一条规定："屋内地板平墁须装置严密，以免鼠患。第一层及地下层，除门窗外，其余空隙处均须障以铁网，网孔之对径不得大于1.3公分。"

7月，原业主优先承领期限结束，开始新住宅区第一、第二段普通招领。

10月，埋设第一区自来水管。

11月，南京市政府公布《修正南京市新住宅区建筑规则》，就局部规定做了修改。第一区第四、第五段宅地在优先承领期间准予普通领户预先订领。第一区下水道工程开标。

12月，核定新住宅区第一区路名，分别是"（一）颐和。（二）珞珈。（三）普陀。（四）莫干。（五）天竺。（六）灵隐。（七）牯岭。（八）琅琊。（九）赤壁"。

至此，"颐和"的名字首次出现。

从1933年的《新测南京城市详图》可见，城北的中山大道已成，而建设中的新住宅区还未呈现

1934年1月，第一区第四、第五段宅地普通招领。

2月，埋设第一区污水沟管。第一区化粪厂设计完成。

3月，招商承办新住宅区第一区市场、菜场。市场计划为以下用途："（一）百货商店。（二）杂货铺。（三）理发店。（四）成衣店。（五）书店。（六）药店。（七）照相馆。（八）汽车行。（九）饭菜店。（十）银行办事处。（十一）旅社。（十二）浴堂。（十三）事务所。（十四）住宅必须之店铺。"

5月，第一区化粪厂招标。计划11月25日开工，120个晴天完工。

6月，筹拨建筑新住宅区第一区诊疗所房屋工程款。筹拨建筑第一区第一至五段马路工程款。

工务局对新住宅区的市场及菜场进行招商（《中央日报》1934年4月11日）

工务局对新住宅区一区的小学及诊疗所进行招标（《中央日报》1934年4月18日）

7月，社会局、财政局提议开办山西路小学（即现在的琅琊路小学）。

9月，由于第四区内的"普陀路"与第一区内的"普陀路"重名，核准将第四区内的"普陀路"改称为"玉泉路"。

10月，财政局提议，新住宅区二、三、四区土地在未实行征用以前，如业户有出卖者，照征收价收买。

11月，公布第四区征收土地给价办法、第四区领地章程。

12月，拨发建筑第一区化粪厂工程款。

1935年3月，禁止第四区缴价领地者在未建筑完毕以前出卖或推让。

5月，填筑第四区全部道路土基。

8月，埋设第四区自来水管。

11月，南京市政府公布《修正南京市新住宅区建筑规则》，将建筑的覆盖率由百分之五十，提高到百分之六十；建筑高度由限高13米，上调到15米。准予第四区各领户自由买卖，但必须在原定期限内建筑完成。

第四新住宅區
路基工程本月完竣
無主墳之屍骨決定火葬　修葺天然風景以存其真

第四新住宅區，開始舉辦土地所有權申請登記後，進行橋梁道路內之地基，關於建築路面及下水道工程（現已規劃就緒，進行概爲順利），區內之道路土方工程，正在積極填塞中，預計本月底前可以完工，記者昨晤市工務局某委員，據談各情如下，邊出、擬於

將來火葬場完成後，全部焚燬，以免再占去有用之地基，劃正理渠道管，俟路基工程完竣後，即可全力注意於此項工程，預計在本年底前，均可完成。

按照以往市府所關之新住宅區，對於池塘山地，均經填平，現第四新住宅地，擬變更方針，將原有之池塘山地，加以修葺，以期增美天然風景，並可節省工款，至外傳第四住宅區業戶保證金，已受市民銀行之舞弊案發生影響，設、全屬子虛云云。

一變更建設方針一擬改

該區內之無主墳墓，決由工務局代爲遷出，計本月底前可完竣。

道路工程即完竣

新住宅区第四区的路基工程完成，但还有一些无主坟有待处理（《中央日报》1935年9月9日）

首都電廠月刊　第五十六號

新住宅區西康路之桿綫（一）　新住宅區湖南路之桿綫　新住宅區北平路之桿綫

首都电厂在北平路、湖南路、西康路等处架设了高大的电线杆（《首都电厂月刊》1935年第56期）

新住宅区内的山西路小学外观，此处现为琅琊路小学
（《中央日报》1936年6月5日）

由北朝南远观宁海路街景，远处的三层楼建筑即为苏州
旅京同乡会，现宁海路26号（《实业部月刊》1937年第2卷
第2期）

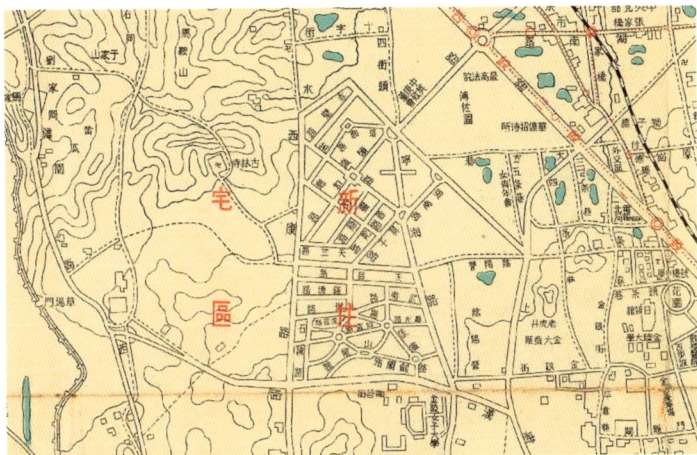

1937年《最近实测新南京市详图》可见，第一、第四区的轮廓已现

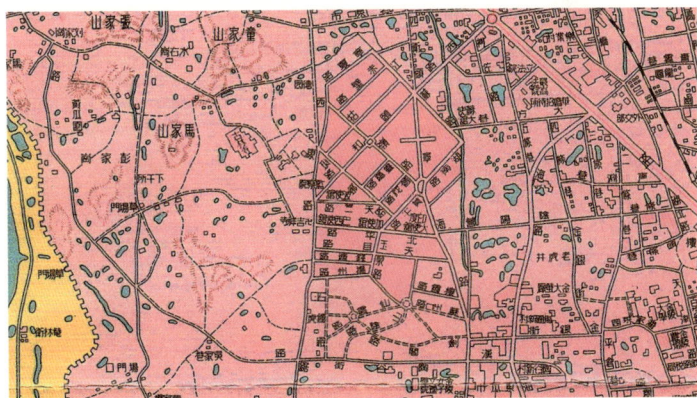

1949年《南京市街道详图》可见，新住宅区几乎还是1937年时的轮廓

1936年2月，工务局、财政局提议，对第一区领地而逾期没有建筑者，征收荒地费。

5月，第四区全部第一期路面及下水道工程开标。计划160个晴天完工。

1937年3月，工务局、地政局提议，对第一区领地业户逾期未建筑房屋者，限于4月15日前呈报建筑，并登京沪各报通告周知，如逾期仍不报建，即照章收回，并追缴荒地费。

至1937年12月，新住宅区内计划建设的俱乐部、商场、菜场、运动场等均未完成。

南京沦陷期间，以及抗战胜利之后，新住宅区并没有新的大规模开发。

颐和路的住户

就颐和路而言，1937年12月以前，这里有一批住户。1937年12月之后，相当一批住户离开，而另有一批住户进驻。1945年抗战胜利后，颐和路的住户则再次有了较大的变动。

那时的颐和路门牌号码与现在的门牌号码也有一些不同。

地名是人们赋予某一特定空间位置上自然或人文地理实体的专有名称，门牌则是置于门上标注户籍的牌子。每一个门牌号码对应一幢具体的建筑，具有唯一性，很像是每幢建筑的身份证。"地名+街巷+门牌号码"，就能明确锁定建筑在城市中的具体位置。

如果没有确切的门牌号码，人们走亲访友，将迷失目标；邮寄信件，将使邮递员无法投递。其他如用水、用电、用煤气，甚至户籍管理、治安等，没有门牌号码的话，必然给人们的日常生活带来诸多不便。门牌号码看似不起眼，不过在城市老建筑、老街区的研究中所起的作用却非常重要。

不同时期的门牌号码不加分辨而使用，就会出现张冠李戴的情况，导致使用文献和进一步研究的时候出现不必要的混乱，不仅传播了错误的信息，使得研究无法深入，也会影响到对这些建筑和街区的认识及定位，所以有必要对门牌号码进行梳理。

为便于读者阅读，现将两个时期的门牌号码列在一张图上。图中红字为民国时期的门牌号码，黑字为现在的门牌号码。

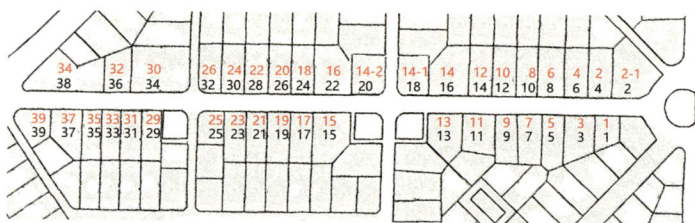

颐和路的门牌号码

有了明确的门牌号码，不同时期的住户信息与各个建筑的关系就能准确对应上了。

下面将近年来搜集到的住户信息按这三个时间段分类归集，便于读者对这些信息有较为全面的了解。

需要说明的是，分为三个时间段以后，由于资料有限，则每个时间段所显示的住户（包括产权人）信息相对也少，尤其1937年以前及1937—1945年之间的信息更少，但很有必要这样分开来说明。因为这些变化，都是随着宏观历史的变化而跟着变化的，所以希望读者也能关注、收集这方面的信息，从而不断丰富颐和路的历史。

另，由于存在两种门牌号码的编排，为不引起歧义，所以下文均把现在的门牌号码放在前面，然后标注民国时期的门牌号码，便于读者阅读。

颐和路1号（原1号）

1937年12月之前：

李无邪（产权人），李敬思（无邪），曾任津浦铁路管理委员会会计处长，上海商学院教授，国立商业专科学校银行系主任。

1937年12月—1945年8月：

罗君强。罗君强（1902—1970），湖南湘乡人。曾任武汉国民政府军事委员会秘书处交际员，军事委员会行营政治训练部秘书长，武汉行营秘书处秘书长，南昌行营办公厅秘书长，重庆行营秘书，军事委员会办公厅秘书，军事委员会委员长侍从室秘书；汪伪中央政治委员会副秘书长，汪伪政府司法行政部部长、安徽省省长、上海代理市长等职。抗战胜利后，被判无期徒刑。

1945年8月—1949年4月：

马超俊。马超俊（1886—1977），广东台山人。曾任南京国民政府劳工局局长，立法委员，南京市市长，国民党中央社会部副部长、组织部副部长、农工部部长等职。国民党中央执行委员会常务委员。

沈慧莲，马超俊的妻子，国民党中央执行委员。

暹罗大使陆士美武官寓所。

颐和路2号（原2-1号）

1937年12月—1945年8月：

泽存书库。

陈群（产权人）。陈群（1890—1945），福建闽侯人。曾任国民党中央政治会议上海政治分会委员，国民革命军东路军总指挥部政治部主任，上海法政学院总务长，国民政府内政部政务次长；维新政府内政部部长，汪伪"还都"筹备委员会副秘书长，汪伪政府内政部部长，汪伪国民政府委员、中央警察学校校长、江苏省省长兼保安司令、考试院院长。抗战胜利后在家中畏罪自杀。

1945年8月—1949年4月：

国立中央图书馆城北办事处。

颐和路3号（原3号）

1937年12月之前：

何定一（产权人）。何定一，即何轶民，江苏江宁人。曾任国民政府预算委员会秘书，财政部国库司司长，河北省政府会计处会计长等职。

1937年12月—1945年8月：

新动向旬刊社。

1945年8月—1949年4月：

张秉钧。张秉钧（1896—？），河北高阳人。曾任第一战区司令长官部参谋处处长，军令部第一厅厅长。抗战胜利后任国防部第三厅厅长，联勤部副总司令。

颐和路4号（原2号）

1937年12月之前：

常宗会（产权人）。常宗会（1898—1985），安徽全椒人。农学专家。

邵力子（1882—1967），浙江绍兴人。曾任国民政府陕甘省政府主席，国民党中央宣传部部长，国民参政会秘书长等职。国民党中央监察委员会常务委员。1949年后，任中央人民政府政务院政务委员，一至三届全国人大常委，一至四届全国政协常委。

1945年8月—1949年4月：

孙辅世。孙辅世（1901—2004），江苏无锡人。曾任建设委员会水利处秘书主任，太湖流域水利委员会常务委员、秘书长兼技术长，建设委员会灌溉管理局局长，扬子江水利委员会总工程师、代理委员长，长江水利工程总局局长。1949年后，任华东财经委员会专员，水利电力部科学技术委员会委员、顾问，水利部计划司顾问等职。

励志社南京第六招待所。

颐和路5号（原5号）

1937年12月之前：

何定一（产权人）。

张广舆（产权人）。张广舆（1895—1968），字仲鲁,河南巩县人。曾任河南福中矿务大学校长,国立清华大学秘书长,河南大学校长,焦作工学院院长,中央大学总务长,河南省政府委员兼建设厅厅长等职。1949年后,任河南省交通厅厅长,民盟河南省委常委,河南省政协副主席等。

1937年12月—1945年8月:

孙叔荣。孙叔荣,南京人。战前在虹口日租界开助力公司,处理日本租界内中日民间纠纷。南京沦陷后,任"南京市自治委员会"副会长、代会长。

侯念言。侯念言,北伐战争时任职于第三十三军军医处。南京保卫战时,为野战救护处上校视察。南京沦陷后,在"自治委员会"任职。

1945年8月—1949年4月:

薛佩青(产权人)。薛佩青的资料不详。

资源委员会煤业总局。

颐和路6号(原4号)

1937年12月之前:

徐廷瑚(产权人)。徐廷瑚,河北蠡县人。曾任保定河北大学预科主任、农科学长、代理校长,察哈尔实业学校校长，农矿部农业司司长兼林政司司长，实业部农业司司长，全国经济委员会蚕丝改良委员会委员等职。

1945年8月—1949年4月：

徐柏园。徐柏园（1903—1980），浙江兰溪人。曾任杭州《民国日报》总编辑，国民党浙江党部书记长，交通部中国电气公司副总经理，中央银行、中国银行、交通银行、中国农民银行联合办事处副秘书长、秘书长，财政部政务次长。1949年夏在台湾协助策划"币制改革"。

颐和路7号（原7号）

1937年12月之前：

姚雨耕（产权人）。姚雨耕，上海川沙人。于1917年独资创办利源建筑公司。承接了南京全国运动场等多处工程。

1945年8月—1949年4月：

陈诚。陈诚（1898—1963），浙江青田人。曾任第二十一师师长，第十八军军长，军政部次长兼武汉行营副主任，第三战区前敌总指挥、第十五集团军司令，湖北省主席，武汉卫戍司令和第六战区司令长官，武汉中央政府革命军事委员会政治部部长，中国远征军司令，军政部部长，国防部参谋总长兼海军总司令，东北行辕主任等职。国民党中央执行委员会常务委员。

颐和路8号（原6号）

1937年12月之前：

汪叔梅（产权人）。汪叔梅，曾任中国银行扬州分行经理、南京分行副经理；汪伪政府中央储备银行董事长。

1937年12月—1945年8月：

马骥负责的国际安全区卫生办公室。

汪精卫。汪伪时期，汪叔梅将此房屋让给汪精卫使用，故那时又被称为"汪公馆"。

伪满洲国驻汪伪政府大使馆。

1945年8月—1949年4月：

麦克鲁。麦克鲁，美军少将。1944年，任中国战区美军参谋长，中国战区副参谋长。1946年3月，任美军驻华军事顾问团团长。

励志社南京第三招待所。

颐和路9号（原9号）

1937年12月之前：

姚雨耕（产权人）。

李起化（产权人）。李起化，曾任孙中山葬事筹委会干事部事务员，交通部任监工，浙江省民政厅技士，南京市工务局建筑处主任等职。

1945年8月—1949年4月：

吴铁城。吴铁城（1888—1953），广东香山人。曾任九江军政府参谋次长兼交涉使，广东大元帅府参军，广东省政府委员兼建设厅厅长，上海市市长兼淞沪警备司令，广东省主席，国民党中央海外部部长，国民党中央秘书长，立法院副院长，行政院副院长兼外交部部长等职。国民党中央执行委员会常务委员。

张群。张群（1889—1990），四川华阳人。曾任国民革命军总司令部总参议，军政部次长，上海市市长，外交部部长，最高国防委员会秘书长，四川省主席，行政院院长等职。国民党中央执行委员会常务委员。

颐和路10号（原8号）

1937年12月之前：

汪文荃（产权人）。汪文荃，汪叔梅之妻。

颐和路11号（原11号）

1937年12月之前：

刘既漂（产权人）。刘既漂（1901—1992），广东兴宁人。曾任国立杭州艺术专科学校教务长兼建筑设计系主任。

1937年12月—1945年8月：

德国人瓦茨尔。

1945年8月—1949年4月：

英国大使馆空军武官住宅。

颐和路12号（原10号）

1937年12月之前：

马承慧（产权人）。马承慧，1949年以前在上海铁路局任工程师，1949年之后在铁道部任工程师。

1937年12月—1945年8月：

王修，字梅堂，福建人，日本东京经纬学堂政治经济系毕业，汪伪政府审计部次长。

高近宸，字子夔，福建人，日本大阪高等工业学校毕业，汪伪政府监察院参事。

施景崧，字文治，福建长乐人，日本明治大学毕业，汪伪政府教育部参事。

颐和路13号（原13号）

1937年12月之前：

周作民（产权人）。周作民（1884—1955），江苏淮安人。曾任北洋政府库藏司司长，金城银行总董兼总经理。1949年后，被特邀为中国人民政治协商会议全国委员会委员。

1945年8月—1949年4月：

林彬（产权人）。林彬（1893—1958），浙江乐清人。曾任国民政府法制局编审，立法院第一至四届立法委员兼任法制委员会委员长，考试院法规委员会委员等职。国民党中央监察委员会委员。

颐和路14号、16号（原12号、14号，为联排建筑）

1937年12月之前：

任瑶瑞（产权人）。任仲琅以其妻任瑶瑞的名义从吴邦本处购地所建。任仲琅，全面抗战前开设百货、药材行，兼及股票生意。战后与他人在上海合资开设裕康五金制造厂。

1937年12月—1945年8月：

德国人克林贝格和维达。

1945年8月—1949年4月：

林锡钧（颐和路14号，即原先的12号）。林锡钧的资料不详，仅知任职于宪兵司令部。

中央特种刑事法庭（颐和路16号，即原先的14号）。

颐和路15号（原15号）

1937年12月之前：

王崇植（产权人）。王崇植（1897—1958），江苏常熟人。曾任浙江公立工业专门学校电机科教授，南洋大学电机工程科教授，国民革命军总司令部交通部无线电训练所主任，建设委员会技正，青岛市工务局局长，南京市社会局局长，天津开滦矿务总局总经理等职。

1937年12月—1945年8月：

德国驻华大使馆。

1945年8月—1949年4月：

谭伯羽。谭伯羽（1900—1982），湖南茶陵人。曾在驻德使馆、驻瑞典使馆任职，1942年回国后任经济部常务次长。1946年，任交通部次长。国民党中央执行委员会候补委员。谭延闿之子。

浦薛凤。浦薛凤（1900—1997），江苏常熟人。曾任云南东陆大学、浙江大学、清华大学、北京大学教授，国防最高委员会参事，联合国旧金山会议中国代表团专门委员，善后救济总署副署长，行政院副秘书长等职。

美军总部高级人员宿舍。

颐和路17号（原17号）

1937年12月之前：

高君珊。高君珊（1893—1964），福建长乐人，教育家。曾任燕京大学副教授，中央大学、暨南大学、震旦大学文理学院、大同大学教授等职。1949年后历任大同大学、华东师范大学教授。

1937年12月—1945年8月：

德国驻华大使馆。

1945年8月—1949年4月：

美军总部高级人员宿舍。

颐和路18号（原14–1号）

1945年8月—1949年4月：

邹鲁（产权人）。邹鲁（1885—1954），广东大埔人。曾任护法军政府财政次长，广东省财政厅厅长，广东高等师范校长，广东大学校长，中山大学校长，国防最高委员会常务委员等职。国民党中央执行委员会常务委员，西山会议派中坚人物。

颐和路19号（原19号）

1937年12月之前：

王翰西（产权人，户主登记为沈月英）。王翰西，南洋大学土木科毕业，任职于津浦铁路。

1937年12月—1945年8月：

德国驻华大使馆。

德国人许尔特尔。

1945年8月—1949年4月：

蒋梦麟。蒋梦麟（1886—1964），浙江余姚人。曾任国立北京大学教育系教授兼任总务长，浙江教育厅厅长兼国立第三中山大学校长，教育部部长，国立北京大学校长，行政院秘书长，行政院善后事业保管委员会主任委员，中美共同组织中国农村复兴联合委员会主任委员等职。国民党中央监察委员会委员。

颐和路20号（原14-2号）

1945年8月—1949年4月：

陈庆云（产权人）。陈庆云（1897—1981），广东香山人。曾任广州大元帅府侍从武官、空军队长，广州航空学校总教官，广东江防司令部参谋长兼广东省航政总局局长，虎门要塞司令，广东海军司令，中央航空学校校长，军事委员会航空署副署长，航空委员会办公厅主任及空军募款委员会主任委员，国民党中央海外部部长，中国航空建设协会总干事等职。国民党中央执行委员会委员。

颐和路21号（原21号）

1937年12月之前：

蒋范五（产权人）。蒋范五，苏州人。1926年任交通银行候补董事，1928年为交通银行候补监察。20世纪30年代初任驻意大利公使。

1937年12月—1945年8月：

汪伪特工总部南京区。

1945年8月—1949年4月：

叶定华。叶定华的资料不详。

中央银行总裁办公室。

颐和路22号（原16号）

1937年12月之前：

汪文玑（产权人）。汪文玑曾任交通部金事，铁道部参事等职。

郝更生。郝更生（1899—1975），江苏淮安人。曾任中华大学，东吴大学，清华大学，东北大学，山东大学教授、系主任等。国民政府体育督学。掌管全国体育行政，先后主办过第三、五、六届全国运动会。

1945年8月—1949年4月：

汪定华（产权人）。汪定华的资料不详。

颐和路23号（原23号）

1937年12月之前：

陈布雷。陈布雷（1890—1948），浙江慈溪人。曾任浙江省政府秘书长兼教育厅厅长，国民党中央党部秘书长，国民党中央宣传部副部长，蒋介石侍从室第二处主任，最高国防委员会副秘书长等职。国民党中央执行委员会常务委员。

何育杰（1882—1939），浙江慈溪人，物理学家、教育家。曾任国立北京大学物理系教授兼系主任，东北大学物理学系教授兼系主任，交通部参事等职。陈布雷的连襟。

龙云的六十军驻京办事处（南京沦陷前的两个月左右）。

1945年8月—1949年4月：

永利化学工业公司。永利化学工业公司于1946年10月从吴润处购得。

颐和路24号（原18号）

1937年12月之前：

廖可壮（产权人）。廖行端（1893—1971），号可庄，云南昆明人。曾任陆军工兵学校教育长，军事委员会训练总监部工兵副监，中央陆军工兵学校校长等职。1949年12月，参加云南起义。

1945年8月—1949年4月：

王毓文。王毓文（1902—1984），山西夏县人。曾任中央军校上校教官，陆军第四师参谋长，第九十一师师长，暂编第九军副军长，九十七军军长等职。

颐和路25号（原25号）

1937年12月—1945年8月：

俞义范，字寄凡，江苏吴县人，日本东京高等师范毕业，汪伪政府教育部简任专员。

1945年8月—1949年4月：

高市小学校基金联合保管委员会（产权人）。

徐秘书公馆（四行联合办事处）。

颐和路26号（原20号）

1937年12月之前：

李伯庚（产权人）。李伯庚的资料不详。

厉家祥。厉家祥（1896—？），浙江杭州人。著名教育家、外交家、语言学家。曾任对德外交顾问，教育部社会教育司司长，考试院考选委员会副委员长，中央大学教授等职。

1937年12月—1945年8月：

张素民，湖南长沙人。曾历任中央大学工商管理系主任，光华大学经济系主任，浙江大学商学院教授，暨南大学教授兼会计银行系主任；汪伪国民政府财政合关务署署长兼敌产管理处处长，中央储备银行常务理事，物资统制委员会委员，中国银行董事等职。抗战胜利后以汉奸罪被捕。

何秉尧，广东南海人，日本九州帝国大学经济科、冈山第六高等学校毕业，任职于汪伪政府中央储备银行。

1945年8月—1949年4月：

金镇。金镇，曾任国民政府参谋本部第二厅中校参谋，东北陆军炮兵第一旅第一团团附、团长，第一旅副旅长，军事委员会军事训练部炮兵监部炮兵副监，中央陆军炮兵学校教育长，沈阳市市长等职。

颐和路28号（原22号）

1937年12月之前：

耿季和（产权人）。耿季和的资料不详。

1937年12月—1945年8月：

秦宗汉，无锡人，汪伪外交部第三科科长。

1945年8月—1949年4月：

钱昌祚。钱昌祚（1901—1988），江苏常熟人。曾任中央航空学校编译、教授、教育长，军事委员会航空署技术处处长，航空机械学校校长，航空委员会技术厅副厅长、代理厅长，国防部第六厅厅长等职。

颐和路29号（原29号）

1945年8月—1949年4月：

王莲青（产权人）。王莲青的资料不详。

苏联大使馆。

颐和路30号（原24号）

1937年12月之前：

耿季和（产权人）。

1945年8月—1949年4月：

陈剑如。陈剑如（约1893—1966），广东人。曾任国民政府财政部秘书长，南京市社会局局长，国民党中央党部农工部副部长，"戡乱建国委员会"副秘书长等职。国民党中央执行委员会委员。

徐箴。徐箴（1899—1949），奉天兴京人。曾任沈阳电车厂厂长，东三省特别区电话局局长，北平市电话局局长，浙江省第六区行政督察专员兼保安司令，福建省教育厅长，辽宁省政府主席等职。国民党中央执行委员会委员。1949年1月去台，途中遇难。

颐和路31号（原31号）

1945年8月—1949年4月：

王莲青（产权人）。

裴逸青。裴逸青曾任西北艺专教授。

颐和路32号（原26号）

1945年8月—1949年4月：

常淑敏（产权人）。常淑敏，韩文焕之妻。

韩文焕（1901—1959），贵州安顺人。曾任宪兵学校教育处处长，宪兵司令部警务处处长，贵州省保安处处长，贵州省政府委员，首都警察厅厅长，贵州全省保安司令部副司令，第一〇一军军长等职。

颐和路33号（原33号）

1945年8月—1949年4月：

裘逸青（产权人）。

颐和路34号（原30号）

1937年12月之前：

谭熙鸿（产权人）。谭熙鸿（1891—1956），江苏吴县人。曾任北京大学教授、生物系系主任，林垦署署长兼中央农业试验所所长，经济部技监兼经济调查委员会主任委员，全国蚕丝委员会主任委员等职。1949年后，任农业部顾问和中国科学院特邀研究员。汪精卫的连襟。

1945年8月—1949年4月：

顾祝同（产权人）。顾祝同（1893—1987），江苏涟水人。曾任黄埔军校教官、教导团营长，第三师师长，第一军军长，洛阳行营主任，江苏省政府主席，重庆行营主任兼贵州省政府主席，西安行营主任，第三战区司令长官，徐州绥靖公署主任，陆军总司令，参谋总长兼国防部部长等职。国民党中央执行委员会委员。

蒋鼎文。蒋鼎文（1895—1974），浙江诸暨人。曾任大元帅府参谋部副官，黄埔军校区队长、教官，南京警备团团长，第二军军长兼陇海西段警备司令，西安行营主任兼第十战区司令长官，陕西省主席，第一战区司令长官兼冀察战区总司令等职。抗战胜利后弃政经商，在上海、南京开办轮船公司和砖瓦厂。国民党中央执行委员会委员。

颐和路35号（原35号）

1937年12月之前：

刘鸿生（产权人）。刘鸿生（1888—1956），浙江定海人。开设鸿生火柴厂（后为大中华火柴公司）、中华码头公司、中华煤气公司、上海章华毛纺织公司和上海水泥公司等企业，被称为中国的"煤炭大王""火柴大王""企业大王"。

1937年12月—1945年8月：

曾醒，女，字萝毕，福建闽侯人。东京女子医学校毕业，汪伪政府立法委员。

1945年8月—1949年4月：

唐伸文（产权人）。唐伸文，庆丰纱厂经理。

刘师舜。刘师舜（1900—1996），江西宜丰人。曾任清华大学政治系教授，内政部参事，外交部欧美司司长，驻加拿大大使，外交部政务次长等职。

颐和路36号（原32号）

1937年12月—1945年8月：

德侨史波林代管的德国产业。德国大使馆孙秘书在此居住。

汪伪国民党中央党部。

1945年8月—1949年4月：

商云翠（产权人）。商云翠，其丈夫为地政局科长。

美军总部高级人员宿舍。

监察院。

颐和路37号（原37号）

1937年12月之前：

郑天锡（产权人）。郑天锡（1884—1970），广东中山人，著名法学家、外交家。曾任外交部参事，驻古巴公使，驻英国伦敦总领事，司法行政部次长，驻英国全权大使等职。

1937年12月—1945年8月：

德国人代管的产业。

1945年8月—1949年4月：

谢冠生。谢冠生（1897—1971），浙江嵊县人。曾任震旦大学、中国公学等校法学教授，司法院秘书处处长，司法行政部部长，公务员惩戒委员会委员长等职。国民党中央监察委员会委员。

颐和路38号（原34号）

1937年12月之前：

褚民谊（产权人）。褚民谊（1884—1946），字重行，别署乐天居士。曾任广东大学教授、代理校长，广东医学院院长，上海中法工业专门学校校长，国民政府行政院秘书长，汪伪政府行政院副院长兼外交部部长等职。1946年8月以汉奸罪被判处死刑。

1937年12月—1945年8月：

陶锡三。陶锡三，又名陶宝晋，南京人。曾任江苏省谘议局议员、省政法学校校长。1923年创办南京道院、南京红卍字会，被推为世界红卍字会南京分会会长，法号道开。南京沦陷后，任"南京市自治委员会"会长，后任汪伪政府立法院立法委员。

汪精卫。汪精卫（1883—1944），名兆铭，号精卫。原籍浙江山阴。早年参加同盟会，因暗杀清摄政王载沣而被捕，武昌起义时出狱。历任南京国民政府行政院院长和外交部部长等职。1940年在南京成立伪国民政府并任主席。汪伪时期，褚民谊将"颐和路三十四号"让给汪精卫，作为"主席官邸"。

汪锦元，江苏吴县人，专修大学肄业，汪伪政府外交部专员。汪精卫的日文秘书，中共"上海情报站"所辖"南京情报组"成员。

1945年8月—1949年4月：

美军军官俱乐部。

监察院。

颐和路39号（原39号）

1937年12月—1945年8月：

卫月朗，即陈璧君的母亲，汪精卫的岳母。

1945年8月—1949年4月：

谭谦吉（产权人）。谭谦吉的资料不详。

俞济时。俞济时（1904—1990），浙江奉化人。黄埔一期。曾任蒋介石的警卫团团长、警卫旅旅长兼代中央宪兵司令，陆军第八十八师师长，浙江省保安处处长兼浙赣皖边区"剿匪"司令官，五十八师师长，七十四军军长，三十六军团军团长兼七十四军军长，三十六集团军总司令等职。抗战胜利后，任国民政府军务局局长兼任蒋介石的侍卫长。国民党中央执行委员会委员。

中篇

颐和路往事

颐和路 1 号：马超俊公馆旧址

现在的颐和路上，不见"颐和路1号"的门牌号码，但颐和路和宁海路交会口至颐和路3号之间有一段较长的距离，有围墙围着，没有大门，这是1949年以后形成的格局。

抗战胜利后，马超俊在颐和路1号曾居住了两年之久。

全面抗战八年，终于取得胜利，全国人民欢欣鼓舞。南京沦陷前，马超俊即为南京市市长，抗战胜利后，马超俊依然出任南京市市长，所以人们对马超俊再掌南京都充满期望。

此时马超俊年已六十，但人们对马超俊仍有很高的评价。1945年9月出版的第一期《抗战伟人》，马超俊即被列入"抗战伟人"之列：

……先生学问渊博，思想深远，富于革命精神。对于劳工问题更有精密的研究。广考近世各国劳工现

从颐和路3号向东望，有很长一段围墙

状与本国工人的生活实情，加以精确的检讨。每有宏论刊行，当惟国人所重视。

日本投降后，奉中央命令，接收南京市，并任南京市市长。

马超俊于1945年9月7日由芷江乘飞机飞抵南京。

马超俊三任南京市市长。1937年的南京保卫战，市长马超俊坚持到破城前一天才离开南京（《抗战伟人》1945年第1期）

同机的有首都警察厅厅长韩文焕、工务局局长张剑鸣等。马超俊一行再回南京，一是接收南京，二是为国民政府由重庆返回南京做准备。

马超俊到南京后，首先下榻安乐酒店。跟着马超俊到南京的各局负责人，也大都是南京沦陷前的旧部，所以每个块面都比较熟悉。

日军在南京有八万多人，经解除武装送往集中营。日侨约一万余人，市政府组织管理处集中管理，一切给养均由中方负责，准备将来由日本赔偿。

对于伪市政府人员，采取的原则是，科长以上人员一律不用，中下级职员重新登记考核。对于日伪侵占的房产土地、公私物器作封存处理，日后依法发还原来的主人。

马超俊又于9日晚发表广播，说明亟须九方面的工作。至11月份，南京的秩序已大都恢复，市内交通，包括小火车均已正常行驶。

但南京的物价较日本投降时涨了五六倍，而房屋被毁四千多间，较沦陷前少了不少，以至于出现"房荒"。

由于马超俊原先在南京的住房已在战争中被毁掉，所以他也和其他人一样，只能寻房居住。

马超俊九月初来南京时，住在安乐酒店，不久搬到"北平路三十六号"暂住。到11月，北平路的房主回来了，马超俊则再次搬家，搬到"颐和路一号"居住。

马超俊虽住在"颐和路一号"，但1946年5月15日

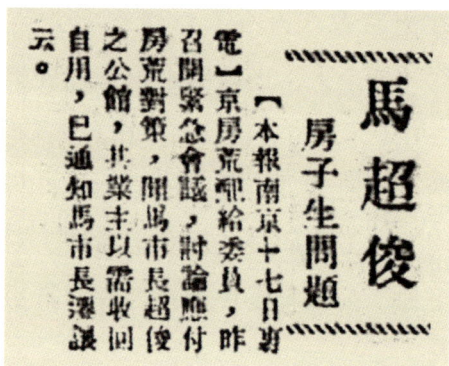

即便是市长，马超俊为住房也是多次搬家（《锡报》1946年4月18日）

出版的第二十二期《七日谈》报道透露，马超俊并不想在此"久住"：

在抗战以前，褚民谊在南京买过一所住宅，地点在颐和路一号，还是一所相当巨大的洋房，抗战军兴，他们都到内地，直至伪政府成立，重返南京，褚民谊特将他的故宅，让给汪精卫住。去年国土重光，伪政府倾覆，褚民谊的住宅，当然没收，马超俊市长到了南京，因为一时觅屋不易，权将家眷留在颐和路一号，但马市长不想久居，俟找到适当房屋后，预备迁居的。

不过马超俊在"颐和路一号",居住的时间长达两年之久,实际上为"久住"了。

1946年10月20日,南京举行第一届参议员选举。早上七点起,全市140个区域选举投票所前,人们集中于此,举行复选。南京市市长马超俊、首都警察厅厅长韩文焕、选举事务所主任陈剑如,以及各监选人,一早就到各投票所巡视,并嘱咐所有工作人员审慎工作,维持秩序。市政府还特意准备记者专车,邀请中外记者到各投票场所巡视。

中外记者首先去颐和路一号马超俊的官邸拜访,马超俊的夫人沈慧莲亲自煮咖啡招待。九时四十分,沈慧莲和记者相偕登车,赴琅琊路小学第五十四投票所参加选举。

马超俊夫妇也排在选民行列中,先交验公民证,经登记员核对后,再在选民登记册上签名,领取选票,选好后投入票柜。马超俊选的是临时参议会议长陈裕光,而沈慧莲所选之人并未对外宣布。区域选举至下午七时结束。

此时马超俊还居住在"颐和路一号",为"马市长官邸"。不过到了月底,马超俊就卸任南京市市长,而改任国民党中央农工部部长了。

马超俊搬离"颐和路一号",是在1947年11月。"颐和路一号"则成为"暹罗大使陆士美武官寓所"了。

马超俊再次所搬的地方是"牯岭路廿四号",也在新住宅区的第一区里面。"牯岭路二十四号"之前为中央执行委员会常务委员李文范所居住。李文范从牯岭路搬出后,新的住址则为"蓝家庄公教一村丑字一至四号"。公教一村即为国民政府行政院为解决公教人员返回南京后的住房问题而建的几个简易宿舍区之一。

颐和路 1-1 号：郑国齐公馆旧址

"颐和路1-1号"所在位置处于颐和路和宁海路的夹角处，最初的时候是公共用地，原计划在这里要盖商店的，抗战胜利之后由于"房荒"，这里最终也盖成了住宅。

南京军管会房产管理处于1950年初编制的《南京市接管代管房屋简明手册》中，有这么一条信息，"颐和路1号之1"的使用人为刘海亭，产权人为郑国

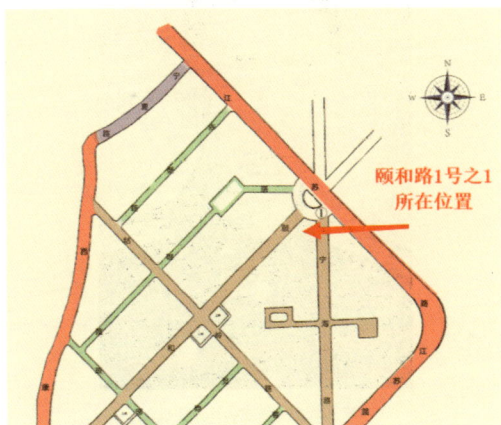

颐和路1号之1
所在位置

现在颐和路上，看不到"颐和路1号之1"

齐，并注明"地系公地"。

房屋的使用人为刘海亭，是当时的北区警察局局长。

那时颐和路所在的新住宅区虽是高官云集，但治安情况并不是那么良好。

1948年4月的一天，盗贼潜入赤壁路的朱家骅家，盗取金框小时钟、八音钟各一座，白瓷小济公活佛、小弥勒佛各一尊，翠玉一块，碎瓷古瓶一个，古铜鹿一对，玉盘圆镜一面，"寿"字台布一方。盗贼还进入英国大使馆、阿富汗公使馆、加拿大大使馆、英

北区警察局局长刘海亭
（《警察画报》1948年第11期）

商亚细亚火油公司总经理霍华德家、美国大使馆费尔兹少校家等多处，疯狂偷盗。首都警察厅厅长黄珍吾精选人员，并召集北区警察局局长刘海亭等人加强侦查，这些盗案均告侦破。

抓获这些盗贼，刘海亭功不可没。

而南京市房产局于1995年编制的《民国时期国民党政府党政军要员在宁房屋情况表》中，序号"113-1"的信息显示，"颐和路1#"使用人是马超俊，产权人是郑国齐，丘号为"535060-1"。

有两条有关郑国齐的信息，虽房屋的使用人不一样，一条说是刘海亭，门牌号是"1号之1"，另一条说是马超俊，门牌号码是"颐和路1#"。但两条信息所说的产权人是明确的，是"郑国齐"。

1948年10月20日的《力报》上有篇文章，其中有郑国齐的一点信息。这篇文章的标题是"沈怡烦恼透顶，代人受过，参议会紧紧盯牢。公文旅行，张镇、邹鲁领地纠纷未已"。

其中特别提到："三十五年九月马超俊市长时代，南京市的要人中名人张镇、张少林、叶漱中、陈庆云、陈策、邹鲁、陈其采、郑国齐、陆颐潜、穆华轩、李葆真、刘寿琦等十二人，曾以南京市的公民身份，向市府资领公地……"

由报道可见，郑国齐为"南京市的要人"中的"名人"。

孙建秋、杨璐编著的《金陵女儿图片故事》（中国民族摄影艺术出版社2021年版）中出现"郑国齐"的信息：

1946年夏天，抗战胜利后学校复员南京，家政系随校回南京的只有黄燕华。黄燕华是复员队长。到南京后有郑国齐女士、鲁桂珍博士参加了家政系的工作。

郑国齐所教学科为"家庭布置"，为"2学分"。

张连红主编的《金陵女子大学校史》（江苏人民出版社2005年版）中的"附录"部分有一个"金女大中国教师名录（1915—1951）"，名录中显示，"马郑国齐"毕业于金陵女子大学，1947—1948年在校一年，任教科目为"家政"。

既然是"马郑国齐"，那么所嫁"马"姓之人，是和颐和路1号的马超俊有关，还是和宁海路2号的马

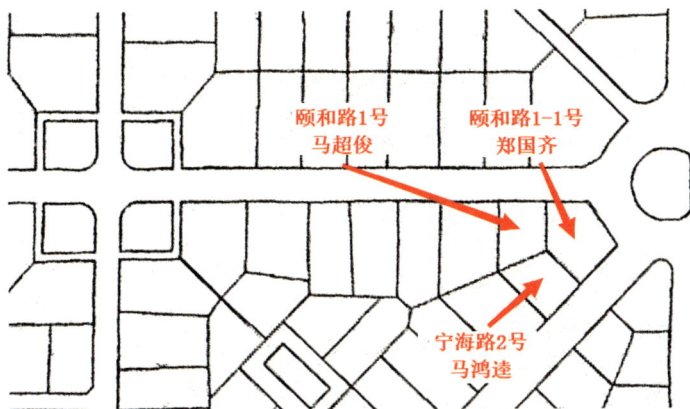

颐和路1号和宁海路2号都紧挨着颐和路1-1号

鸿逵有关？

　　马超俊曾住颐和路1号，这是很明确的。如上图所示，颐和路1号紧靠着颐和路1-1号，而宁海路2号实际上也是紧靠着颐和路1-1号的。

　　《南京市接管代管房屋简明手册》中注明，宁海路2号的产权人和使用人都是宁夏省主席马鸿逵。

　　不过宁海路2号并不是马鸿逵的私宅，而是作为马鸿逵的十七集团军总部驻京办事处在使用。

　　也有资料介绍，此处房产是马鸿逵以其长子马敦厚的名义购买的。

　　马敦厚虽为长子，但其名声和地位却远不如他的二弟马敦静，且始终屈居于马敦静之下。但在马家控制的宁夏，被人们称为"大爷"的马敦厚也是一位举足轻重、引人注目的人物。

而马敦静任整编十八师师长的时候，与十七集团军总部驻京办事处联系密切。

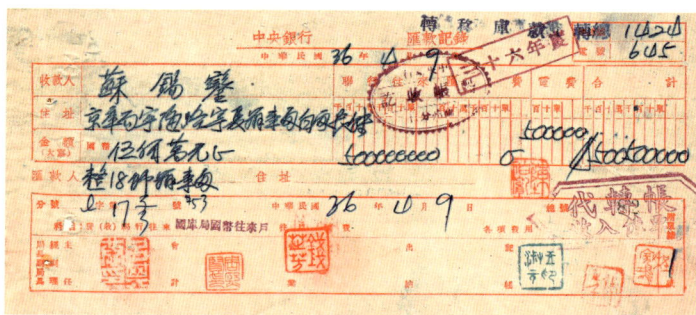

整编十八师与宁海路2号宁夏驻京办事处之间资金往来的凭证（1947年4月9日）

那么这个"郑国齐"是和马超俊的"马"家有关，还是和马鸿逵的"马"家有关，或是和这两个"马"家都没有关系？

好在已经有了一些信息，有兴趣的朋友也可关注一下，一起来寻找有关郑国齐的更多信息。

颐和路 2 号：泽存书库旧址

颐和路2号，现为江苏省省级机关医院健康管理中心。

当年新住宅区开始建设时，此处为公地，上面并没有建筑。南京沦陷期间，由陈群在此地建了藏书楼。陈群将他祖上遗存的珍贵古籍全部入藏，故采"先人手泽存焉之意"，命名为南京泽存书库。民国时期的门牌号码为"颐和路2号之1"。

泽存书库为一座不等边多边形三层藏书楼，有书库十二个，建筑面积计3540平方米，内包括一座小型三层住宅楼。

维新政府成立时，陈群即为内政部部长。1940年3月，维新政府结束时，内政部有余款约三四百万元，陈群请示日本人该如何处理。日本驻南京的特务机关长原田熊吉少将指示陈群，可将余款用于办理慈善、文化等事业。

泽存书库初期的建设经费即出自内政部余款。也

民国时期的泽存书库

从宁海路路口远观泽存书库旧址，可以感受到其体量之大

由此可见，泽存书库并非陈群私人出资所建。

泽存书库于1941年3月开始动工，1942年2月竣工，共花建筑费约法币一百万元，设备费（水电、卫生设备及书架器具等）约法币三十万元。

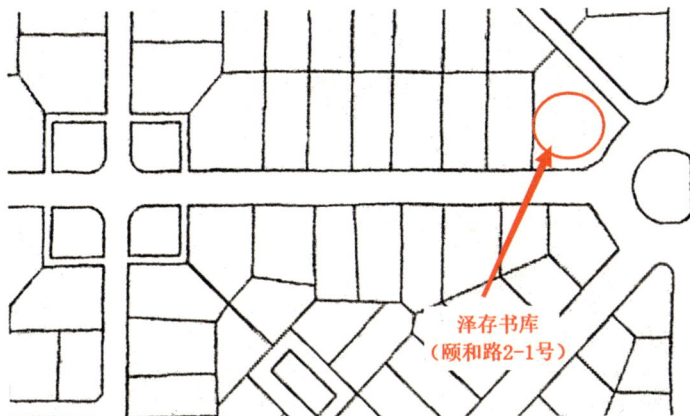

泽存书库
（颐和路2-1号）

图示所在位置原先为公共用地，处于颐和路和珞珈路交会处

书库每月的维持费用约两万五千元，雇有职员40人，陈世镕为馆长。

陈群另在上海建了一座图书馆，占地十亩，建筑费约一百万元，多数为日文书籍。

1945年8月前，此楼内部情况，由于一般人无法进入，故而知者不多。

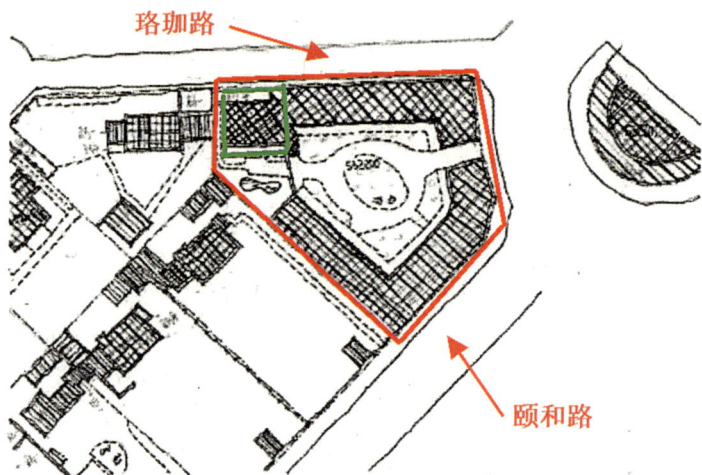

图中绿圈为三层住宅楼的位置

　　由于特殊的身份，日本人林房雄有机会进入泽存书库。林房雄在回忆文章《四个字》中对其于1942年到南京拜访陈群的过程有较为详细的记载。

　　林房雄通过一位日本政坛政要的介绍，到南京后想拜访陈群。陈群回复："若是不谈政治的话，自然喜欢恭候。周六傍晚于寒舍谨奉晚宴。"

　　林房雄对泽存书库有这样的描述：

　　在见识过北京大官们的官邸私邸的我看来，他的私邸看起来既非豪奢也不宏壮。大体而言，南京的建筑较新，海派的伪西洋建筑较多，即便是纯中国风的宅邸也会给人感觉样式颓废或是混血。他的官邸虽说是后者那种中国风的老建筑，门却是洋馆风的铁门，包围在宽敞中庭周围的四栋建筑是中式的，正面屋檐上耸立的四层楼是何国样式则无法判断。

　　并描述会客室没有绚烂的京派装饰，只是在绒毯上摆了几张椅子，比较简单。墙上挂着陈群手书的唐诗卷轴。陪同的报界友人介绍，陈群的藏书室有数万卷书，其中大部分是最近数十年间日本的新刊书。然后他们"穿过朱栏对面摇曳着丁香花的长廊，被引入了餐厅"。餐厅设在四层楼的第一层，"是间没什么特色的半西洋半中式的房间"。由于说好不谈政治，所以餐桌上主要谈的是"风月"。

　　第二天，陈群又邀林房雄一起去了郊外的清真菜馆——马祥兴。林房雄记下了菜单：

　　五香牛肉，盐水鸭，炸酥鱼，凤尾虾，蛋烧壳，爆羊肚，松鼠鱼，爆肚，爆鸡肝，开羊紫菜，炒鸡肺，炸鸡油，砂锅牛筋，砂锅鸡酥，鸡油白菜，永鲫鱼，芦蒿爆牛肉，美人肝。

用餐结束后，陈群和林房雄再回泽存书库，并爬到四层楼顶。最顶层为日式布置，铺着青色的榻榻米，林房雄认为"与其说是茶室，毋宁说更像料亭风格的小房间。我有些扫兴"。陈群按了墙壁上的开关，指着栏间让林房雄看。林房雄从陈群的表情和态度中感到一阵杀气，"看到栏间匾额上所写的四个字，当场呆若木鸡"。此四个字为：学我者死。

南京沦陷期间，陈群利用其地位，分别向北平、苏州、上海、杭州等地的旧书店、出版商和藏书家，征求索取各种古籍书目或样书，并亲自一一圈选购取。

天一阁、八千卷楼、海日楼、抱经楼、海源阁、越缦堂、秀野草堂、缪筱珊等流散社会旧藏珍善本古籍，以及其他许多手稿、名家批校本、四库未收本及禁书，内多为明版、日本版、朝鲜版，都得以完整保存下来。

陈群命属下周子美负责编成《南京泽存书库图书目录》善本、普本各两册，另有日本书则另人编目，公开出版发行，以利读者。

1945年8月15日，日本宣布投降。

17日，陈群料理后事，写《自剖书》送交报刊发表，给即将到任的南京市市长马超俊一封遗书，表明决意将泽存书库的藏书全部捐献给国家，并遗嘱泽存书库工作人员丁宁负责泽存书库藏书的清点移交工作，然后独自上楼服药毙命。

日本投降后的最初几日，南京基本处于无人管理状态，治安也较为混乱，包括地痞流氓在内的众多人等对泽存书库可谓是"虎视眈眈"。丁宁虽为女性，却担起了保护书库的职责，每日手握宝剑不断巡视，以确保书库的安全，直至国民政府接收书库。

黄裳进入泽存书库，也是在抗战胜利之后。不过这时自然无法体会到林房雄的感受，而更多的是描述留存下来的古籍善本的情况。

南京解放前夕，国立中央图书馆将颐和路二号馆藏善本古籍选装四百五十箱，计十三万九千七百二十七册，碑帖十一箱，用军舰运往台湾，其中南京泽存书库典藏的善本古籍四千三百五十二部，计四万一千三百一十一册，占运台善本古籍三分之一弱。

　　南京解放后，未能运台的泽存书库藏书计三十五万八千六百八十九册，占当年接管国立中央图书馆未能运台藏书总数，为三分之一弱，成为南京图书馆藏书。

颐和路 7 号：陈诚暂住之地

现颐和路街区被称为"陈诚公馆"的是普陀路10号（民国时期门牌号码为"八号之一"）。不过1945年8月抗战胜利之后，陈诚返回南京时，先是居住在颐和路7号。

陈诚公馆大门上的门牌号码为颐和路5-1号，此建筑建在了7号的地皮上

琅琊路小学高阶段主任兼教导主任朱兆京回忆，1946年2月，陈诚一家"当时住颐和路七号，离琅琊路小学不远"。

抗战胜利之后，国民党军政大员纷纷返回南京，由于战时后方教育水平的差异，这些军政大员的子女到南京后，跟班就读就比较困难，故而纷纷请家教补课。

陈诚有6个孩子，除最小的孩子5岁，其他都在琅琊路小学就读。陈诚的夫人谭祥是谭延闿的女儿，毕业于上海圣玛利亚女中，对子女的教育极为重视，故也亟须请家教为孩子补课。

琅琊路小学校长余肃卿是朱兆京的老师，余肃卿就介绍朱兆京到陈诚家当家庭教师。

朱兆京的祖父朱稚竹是老同盟会会员，参加过辛亥革命和护法斗争，当过国会议员。其姨公北伐军某部铁甲车司令蒋必也是同盟会会员，是陈诚在保定军校时的同学，所以朱兆京无法拒绝，故而答应做家教。

朱兆京每天下午4时去陈诚家辅导孩子读书，5时半返回琅琊路小学。

军政部长陈诚
昨日自渝抵京

白崇禧等登舰欢迎

【南京十三日下午八时三十分急电】军政部长陈诚，乘同心舰自渝东下，十三日下午七时抵京。白朗奎总长崇禧至江岸登舰欢迎，陈部长膓胃病复发，近已痊愈，据悉陈氏此次途经宜昌，目击该地湘人民艰苦，因交通工具缺乏、疏遣困难、食宿均成问题，异常关切，俟其体抵京地负责方面，傥速与遮还认为目前澈定期航轮、应酒以减少宜昌市场上，以减少宜昌。

陈诚于1946年1月13日从重庆抵达南京
（《无锡日报》1946年1月14日）

陈诚（《军事画报》1947年复刊44期）

朱兆京回忆，进了颐和路7号大门，右边有两间西式平房，住有一个警卫班。庭园面积不大，四周绿篱，中间一棵雪松。直对大门的水泥路尽头是汽车库，经常停放着两辆轿车与一辆吉普车。在汽车库的左侧，是一幢长方形的青砖二层楼，楼门前上有露天阳台可以避雨，下面是坡形台阶，汽车可直接开到大楼门口的阳台下。

朱兆京常隔着玻璃看到陈诚，陈诚外出归来有个习惯，一进门就停车下来，爱在花园里绕一圈，然后进屋上楼。

朱兆京在陈诚家做家教，直至1946年10月。10月一天，陈诚给朱兆京开了一张介绍信，推荐她去国立政治大学读书。朱兆京以为陈诚夫妇要辞退她，加上对政治不感兴趣，故而离开了陈家。

陈诚由重庆回南京时，还是军政部部长，几个月后，蒋介石接受美军顾问团的建议，取消原来的军事委员会及所属的军令部、军政部及陆军总司令部，而成立国防部。白崇禧任国防部部长，陈诚则任参谋总长。而何应钦则被派到美国，任联合国军事参谋委员会中国政府代表，陈诚从而掌握了军队的实权。

朱兆京回忆，在她当家教的这段时间，陈诚家没举行过宴会，也没举行过舞会。

实际上，陈诚住颐和路7号期间，也正是国共两党分歧越来越大的时候，陈诚的主要精力都放在了内战上，自然也无暇举办"宴会"和"舞会"了。

颐和路 8 号：麦克鲁官邸旧址

颐和路8号为颐和路上体量最大的住宅建筑，不对外开放，故只能在围墙外远远观望。

颐和路8号的门牌

南京电信局于1947年3月所编《电话号码簿》显示，"颐和路6号"为"麦克鲁官邸"，电话号码为"33648"。

这个"6号"是民国时期的门牌号码，对照之前不同时期的门牌号码对照表，可知对应现在的门牌号码则是"8号"。

颐和路8号由著名建筑师陆谦受设计。陆谦受曾这样介绍其设计理念："在这里，我们利用一个大天井来作取光及通气之用。因为主人好客，所以宴会的地方很完备。客房摆在楼下，是跟从前的习惯。穿堂面积很大，即使十几个客人同时到来，还可以有转身走动的地位。这一点，在大型的住宅的设计当中，是很重要的。外观方面，因为主人一定要用古式，所以我

1936年建成时的外观（《中国建筑》1936年第26期）

们就作一次的尝试。不过复杂的部分，都曾经一番简单化的工作。屋顶是用青瓦，外墙粉乳白色，大门用金和红，色彩方面，还觉得整洁。"

不过现在不少资料上将此建筑称为"阎锡山公馆"。实际上，此处作为汪伪敌产没收后一直为励志社的招待所，居住过的人众多，阎锡山也是其中之一，但仅住了4天。

《申报》于1949年4月19日报道："太原绥署主任阎锡山，十八日上午由首都饭店移住颐和路六号励志

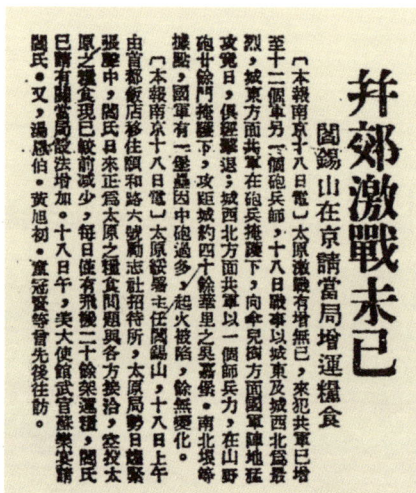

阎锡山在颐和路六号仅住了4天
（《申报》1949年4月19日）

社招待所，太原局势日趋紧张声中，阎氏日来正为太原之粮食问题与各方接洽，空投太原之粮食现已较前减少……"

阎锡山于4月18日从首都饭店搬到颐和路，又于22日离开南京。南京于23日解放，而太原于24日解放。

抗战胜利之后，在颐和路8号（原6号）居住时间最长的是麦克鲁。

麦克鲁（Mclure，Robert Battey.1896—1973），美军少将。1944年，任中国战区美军参谋长，中国战区副参谋长。

麦克鲁生于美国佐治亚州，1916年至1917年就读于海军学院，1917年入美国陆军并参加第一次世界大战。

1929年至1931年，麦克鲁在天津美军第十五步兵团服役，与魏德迈为同事，其间学会流利使用汉语。

第二次世界大战期间，麦克鲁在南太平洋服役。1942年任第三十五步兵团团长，率部参加瓜达卡纳尔等著名战役。1943年晋升准将，任第八十四步兵师师长。

1944年魏德迈接替史迪威后，麦克鲁成为魏德迈的副手，任中国战区美军参谋长，中国战区副参谋长，实际负责协助策划中美联合作战和训练中国军队。美国驻华大使赫尔利来华之初，曾以麦克鲁拟将《降落伞计划》提供给中共军队而怀疑麦克鲁的忠诚。两人还曾在一次酒会中爆发冲突，但因有人劝阻而未能交手。

而周恩来于1944年12月8日致赫尔利的信中，对麦克鲁也有诚挚的谢意："关于贵我双方军事合作，目前确由于蒋主席之多方限制，不能谋取迅速解决，但我们为击败共同敌人计，始终愿与阁下及魏德迈亚将军继续磋商今后军事合作之具体问题，并与包瑞德上校领导之美军观察组保持密切联系，请转致我的谢意于魏德迈亚、麦克鲁两将军。"

麦克鲁非常称赞中国军队，称只要中国军士能吃得好（甚至每日能有半斤肉吃），是世界上最好的军队。

1945年9月8日，何应钦从芷江乘"美龄号"专机来南京。同机的有谷正纲、李惟果、丁惟汾、贺衷寒、葛敬恩等人，以及美军作战训练司令麦克鲁少将、参谋长柏德尔准将。

9月9日，麦克鲁作为美国方面的代表列席了在中

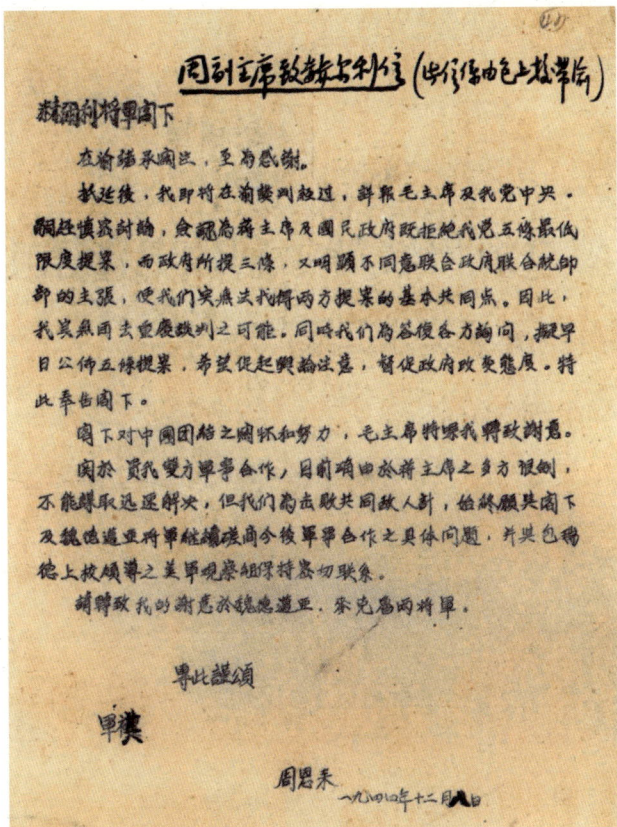

周恩来在致美国驻华大使赫尔利的信中，请赫尔利转致谢意于魏德迈亚和麦克鲁（《中央档案馆藏美军观察组档案汇编》，上海远东出版社2018年版）

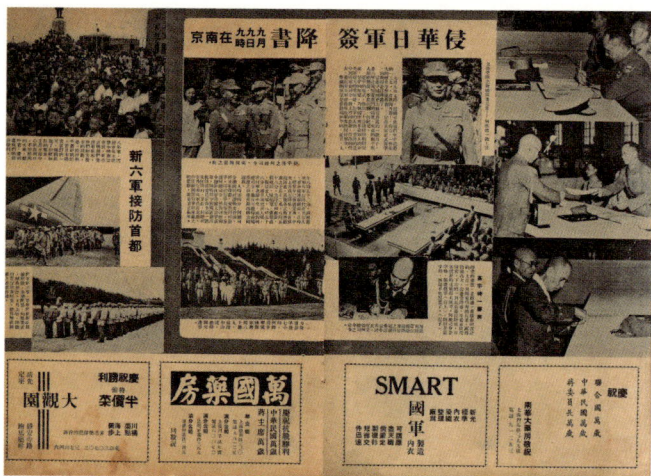

1945年9月9日上午9时，侵华日军在南京签投降书（《特写》1945年胜利号）

受降仪式后，麦克鲁将军（左）与中国陆军总司令何应钦（中）交谈（《抗战建国大画史》1948年4月）

美军顾问团成立，前美驻华作战司令部司令麦克鲁少将任团长（《解放日报》1946年3月11日）

央军校礼堂举行的中国战区日本投降签字典礼，见证了那一激动人心的时刻。

1946年3月，美军驻华军事顾问团在南京成立，麦克鲁任团长。

美军顾问团由一千多美军将校军官组成，直接控制国民政府陆海空各军司令部，并向国防部机构派驻人员。

美军顾问团虽不得在中国内战中直接卷入军事作战，但是美国为国民党部队提供军事装备，帮助训练的军队大都参加了对共产党的直接作战，这些援助行为都直接增加了国民党对抗共产党的实力，也助长了国民党的内战决心。

南京电信局的《电话号码簿》印制于1947年3月，由此可见，麦克鲁在此住了不短的时间。

后麦克鲁返回麦克阿瑟盟军总部，又被派往琉球任军事兼民政长官约两年。朝鲜战争爆发后，转任师长，并参战。返美后，任驻旧金山蒙特瑞陆军司令官。1954年以少将衔退役。退休后曾经营房地产业。两次获美国陆军杰出服役勋章。

颐和路 9 号：吴铁城公馆旧址

颐和路9号现有主楼、附属楼房各一幢，门卫平房一间，为江苏省慈善总会办公地点。

颐和路9号外观，靠路边的附属楼房应是1949年后所建

1945年抗战胜利后，在国民党身居要职的吴铁城居住于此。

南京电信局所编《电话号码簿》，国民党中央党部所编《三中全会中央委员、列席代表临时通讯录》

《中央委员通讯录》，以及中共中央社会部所编《南京调查资料》，中共中央华东局社会部所编《南京概况》，都明确注明，1945—1949年期间，吴铁城居住的地址为"颐和路九号"。

吴铁城早年追随孙中山，后与蒋介石紧密合作，主持国民党的党务，担任国民党中央秘书长近十年，是国民党的元老级人物。

吴铁城一生中最出彩之事，就是促使张学良"东

1947年10月13日，吴铁城（中）在南京颐和路公馆招待台北市参议会国内考察团［《中央日报》（重庆）1947年10月18日］

北易帜"。之后的1930年，阎锡山、冯玉祥等人联合反蒋，爆发中原大战，又是吴铁城出马，使得张学良再次站在南京国民政府这边。

1946年4月，国民政府"还都"大典筹备委员会成立，吴铁城任主任委员，马超俊、洪兰友任副主任委员，洪兰友兼秘书长。吴铁城应是此时就入住了颐和路9号。至1949年4月，颐和路9号见证了诸多影响中国历史进程的重大事件。

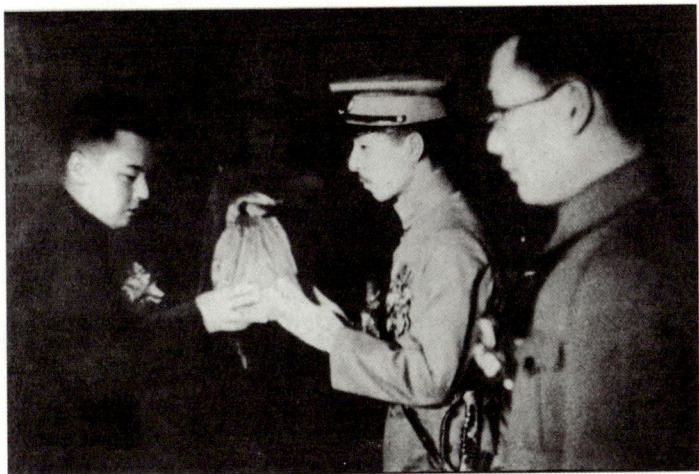

1930年10月9日，张学良（中）就任海陆空军副司令。张群（左）代表国民政府授印，吴铁城（右）代表国民党中央执行委员会致训词（《东方杂志》1930年第27卷第22期）

馬帥與周恩來長談
吳鐵城氏發表談話

馬帥對安平事件力主慎重

吴铁城为国共谈判期间国民党方面的主要谈判代表（《联合晚报》1946年8月2日）

　　而1948年第一届国民大会期间，签署代表大闹吴铁城公馆，则是诸多历史事件中的一个小插曲。

1949年4月19日，吴铁城还待在南京力图挽救国民党的颓败之势。23日，南京解放（《中央日报》1949年4月20日）

此事发生于1948年4月15日。签署代表多人前往吴铁城公馆大闹，堵在门口吵闹，长达两个多小时。

1948年3月29日至5月1日在南京召开的第一届国民大会主要是选举总统和副总统，所以这一届国大也被

第一届国民大会签署代表在吴铁城公馆示威［《益世报》
（天津）1948年4月16日］

称为"行宪国大"。

从1947年11月起，国统区各地开始了参议员和国
大代表的竞选活动。

由于旧政协和国民参政会的民主党派多数与国民
党划清界限，不参加这次国大，国民党就想拉青年党
和民社党这两个小党参加国大，以示"民主"。

三党商议，三党的提名分头推荐，并规定在某些
地区，民青两党的提名代表保证当选。

而没有被提名的，则采取了"签署提名"的方
法，就是有五百人以上签名推举的，也可以参加国大

代表的竞选。此举措就是为了让人感觉选举是十分"民主"的。

国民党以为在党的力量控制下，党提名的代表可当选，结果青年党和民社党在各地的竞选全部失败，一个国大代表也没选上。签署提名的代表则有六百多人入围，也就是说，包括国民党在内的政党提名的各方有关人物被挤掉了六百多人。

国民党要求签署提名的当选代表以党护党，把代表资格让给落选的民青两个小党。同时又要求在党内，请有些人让给落选的本党提名候选人。

签署代表大都在竞选的时候花费了重金，这时要他们退出，自然是不肯。由此，签署代表和提名代表之间就参会资格产生了不可调和的矛盾。

1948年2月26日，国民党中常会决定由陈立夫、吴铁城、张历生、谷正纲全权处理签署代表和政党提名国大代表的纠纷。处理的基本原则是，"按实际情形，能劝即劝，处理的方法须依选举法规定，亦可以党纪处置，如党纪解决不了，势须以法律作最后解决。至如何让给友党问题，亦作相当商讨，如友党人士在当地候补名额内当选者三名以下的，国民党可退让，如票数奇少，仍由原当选人当选。至签署代表在党纪约束下仍不退让时，将予开出国民党党籍，但开除后仍可当选"。

两百多名签署代表于开会前夕抵达南京，成立"国大代表签署提名当选人联谊会"（后改为"中华民国民选代表联谊会"），而政党提名的代表也成立了"国大代表中央提名当选人联谊会"，针锋相对，相互攻击。

3月23日上午9时，吴铁城在中央党部接见签署代表请愿团，表示"过去决定党让党之办法，实乃为顾全大局，然严格言之实不合法，故改为劝让，能让则让，并不强迫退让"。并保证29日之前办完签发证书手续。

而中央提名国大代表也拜访吴铁城，要求迅速解决当选纠纷。

民青两党则表明如不能十足保证名额，将拒绝出席国大。故国民党实际上想尽力保证民青两党的国大代表名额。

25日，天津签署代表赵遂初抵达南京，自印名片"候补民主烈士"，并表示将在南京购买棺材。

26日，部分签署代表绝食以示抗议。

27日，蒋介石在中央军校官邸邀请14位签署代表谈话，陈立夫、吴铁城、张历生、谷正纲等也出席谈话。但谈话陷入僵局。

28日，十位签署代表进入国民大会堂实行绝食，其他大部分代表包围选举总所和国民党中央党部请愿。

29日一早，蒋介石再次与部分代表进行会谈。有几位表示愿意退让，其他人则返回钟南中学商议对策。这时大批警宪包围并封锁了钟南中学，赵遂初所购棺材也被警宪强行抬走。这才使得大会于29日得以勉强召开。

由于签署代表参会的问题仍未解决，故签署代表除绝食外，还日夜包围总选举事务所和中央党部，实行疲劳请愿。

30日，于斌、胡适、莫德惠、吴蕴初四人出面调解。蒋介石表示签署代表可以列席国大会议，但签署代表并不接受，认为"既已得票最多而当选，那么就应出席，而不是列席"。

至4月2日，有两位绝食代表恢复进食，另八位依然坚持绝食。

7日，签署代表绝食进入第十天。而千余名国大代表联名提案，请准签署代表出席，程潜、李宗仁、何成濬等人均签名支持。

8日，绝食代表进食牛奶，注射葡萄糖。但千余名代表的提案，青年党则反对列入议程讨论。

9日，国民大会主席团推定于斌、胡适、莫德惠、王宠惠、王云五五人调解签署代表的纠纷。

10日，蒋介石听取五人的报告后表示，"只要在合理合法的原则之下，如有解决办法，亦愿考虑研究"。青年党曾琦认为，只要解决办法确实是合理合法的，青年党也愿意帮助解决。民社党张君劢表示，只要不违宪，民社党也欢迎迅速解决问题。

12日，陈立夫、谷正纲、郑彦棻、贺衷寒代表蒋介石看望八位绝食代表，绝食代表表示问题未得到解决之前，决不复食。

14日，国大代表中央提名当选人联谊会向国民大会提案，请大会公推社会贤达约请国民党、青年党、民社党负责人，以及提名和签署双方代表，在会外协商妥善办法，并建议国民政府制定临时法案，使三党提名及签署当选代表一律可以出席大会。

青年党、民社党则认为，签署代表在不违背宪法的情况下参加国民大会是不可能的。

代表国民党的吴铁城坚持必须在国民党中常会通过才可。而大会日程已过半，何谈开中常会，这表明签署代表参会的可能性微乎其微。

这也导致签署代表于15日前往吴铁城公馆吵闹。并发表书面谈话：

>……遂初等虽手无寸铁，尚有数十万选民。不暴动，不自杀，惟有再采取行动，决心叫谷正纲杀害，甘愿让陈立夫、吴铁城活埋。以此牺牲，争取民主，以此血肉，维护民权，向历史控诉，对选民告别。……

国民大会于5月1日结束。也就是大会结束前两天，赵遂初等人才由职业、妇女选举事务所发给少数当选证书。这些签署代表仅参加了两天国民大会。作为补偿，政府以戡乱委员名义发给赵遂初等人一点薪资，以弥补竞选损失。

当然了，签署代表大闹吴公馆只是整个事件中的一个小片段，由于国民党此次大会的主要目的是让蒋介石当上总统，那么确保"提名代表"参加国民大会才是其目的。最终蒋介石也是如愿被选为总统。

吴铁城尤擅谈判，但整个事件中，却少有出面。实际上，吴铁城作为国民党中央党部秘书长，是无论如何也不可能偏向于签署代表这边的。

颐和路 18 号：邹鲁公馆旧址

颐和路18号，地处颐和路和牯岭路交会口的东北面。其靠牯岭路的围墙下，是现在诸多俊男靓女拍照打卡的好去处。

蔷薇花盛开的时候，想在此处拍张照片还需多点耐心

邹鲁是国民党的元老级人物，西山会议派的骨干分子。

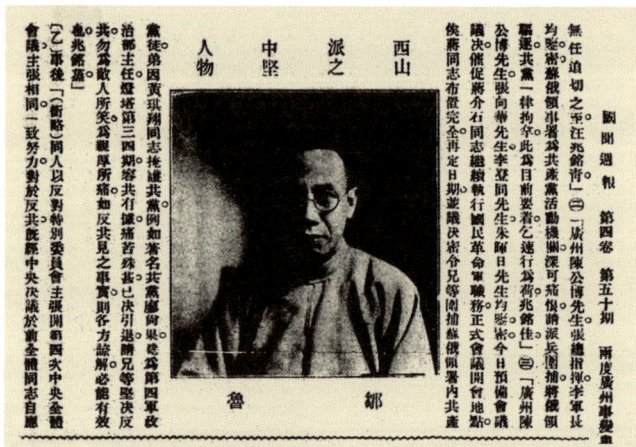

邹鲁是西山会议派的中坚人物
（《国闻周报》1927年第4卷第50期）

1937年抗日战争全面爆发后，邹鲁随国民政府迁居重庆。

1946年5月28日，邹鲁、王宠惠、冯玉祥、李济深、张之江、褚辅成等人乘民生公司民联轮由重庆出发，踏上返回南京的路程。

离开重庆返回南京的心情是愉悦的，邹鲁特作《胜利还都留别四川》诗：

胜利还都破浪东，市民夹岸看坡公。

愧无厚德留西蜀，赖有同仁奏大功。

十载居停忘作客，千难身受讶成翁。

河山处处如亲友，漫说云飞赋大风。

由于政府人员大量从重庆返回，导致南京的住房短缺严重。这时无房居住的现实则令邹鲁这样的国民党元老再难愉悦了。

邹鲁在上海也在寻找住所（《侨声报》1946年8月17日）

邹鲁找行政院院长宋子文，请宋子文帮忙解决在南京的住房问题。宋子文和秘书长蒋梦麟商量，将中正路226号房屋拨给邹鲁居住。不料邹鲁嫌房子太旧，

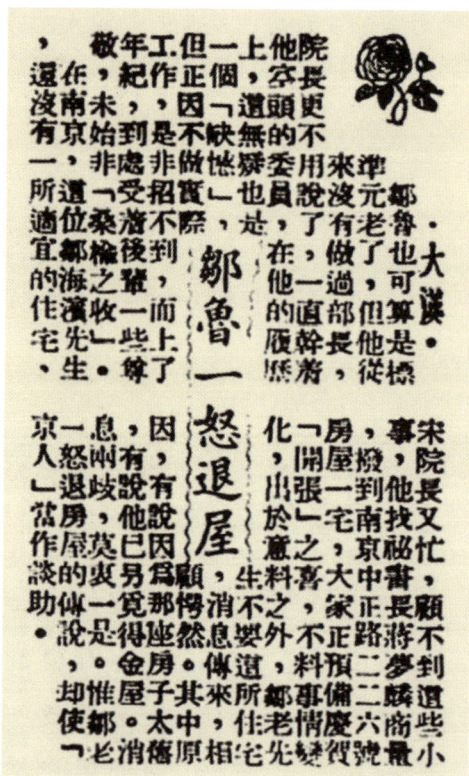

邹鲁不满意政府安排的中正路的住宅
（《飞报》1946年12月5日）

愤而将房子给退了。

也有传言，说邹鲁退房是因为另外"觅得金屋"，所以看不上中正路的房子。

　　而邹鲁于1946年9月，连同张镇、叶溯中、陈庆云、陈策、陈其采等12人，以南京市公民身份向市政府资领购地。当时南京各处大闹房荒，市长马超俊倡议人民自己建房，在临时参议会结束而正式参议会未成立之时，同意邹鲁等人缴款领地建房。

　　房屋没建好之前，邹鲁在"宁夏路三号"过渡。《飞报》所说"金屋"，或许是"宁夏路三号"，也

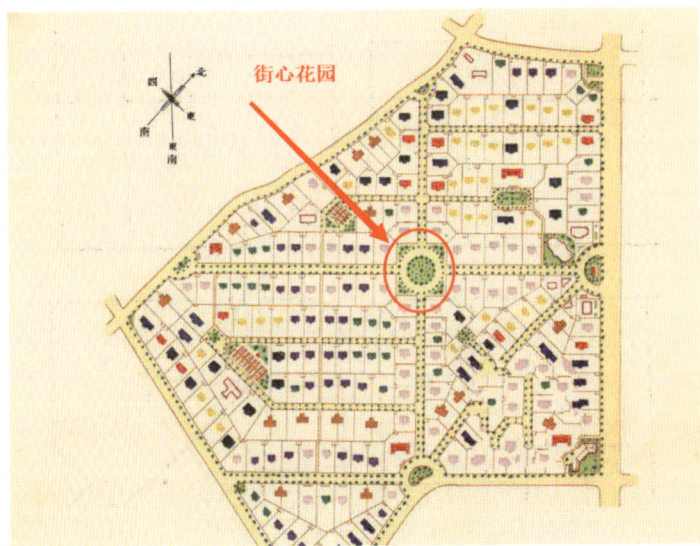

颐和路最初规划的街心花园

有可能就是指邹鲁准备自建的新房吧！

颐和路和牯岭路交会之处，原本有四个街心小花园。邹鲁缴款所购之地，即为街心东北面的街心花园。房屋建好后，所编门牌号码为"颐和路一四号之一"（即现在的颐和路18号）。

而街心花园的西北角，则被国民党中央海外部部长陈庆云购买，所建房屋的门牌号码则为"颐和路一四号之二"（即现在的颐和路20号）。

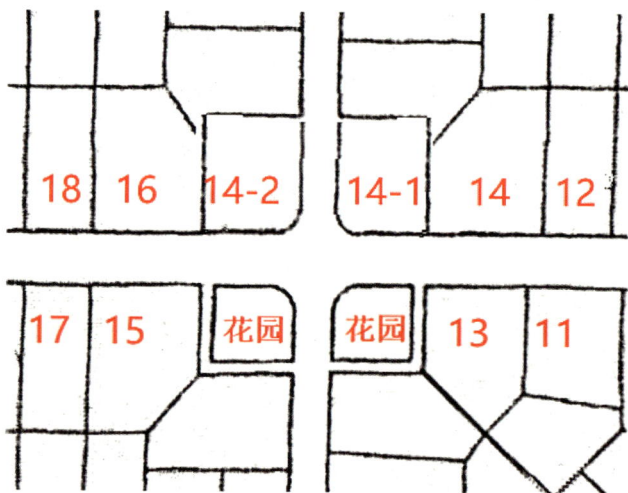

邹鲁的房屋建在原来的街心花园位置，门牌号码为"颐和路十四号之一"

只是邹鲁等12人的"土地所有权状"无法取得，主要原因是马超俊不久就调任农工部部长，离开了市长位置，而后来成立的参议会反对此事，认为南京的公地，应该要给真正的市民建筑房屋，不该落入权贵之手。邹鲁等12人认为，他们纯粹是以南京市民身份具领，手续合法。

继任南京市市长沈怡从中协调，至两年后沈怡离开市长之位，邹鲁等人的"土地所有权状"问题尚未能解决。

颐和路 21 号：汪伪特工总部南京区旧址

颐和路21号外观，靠马路的这幢楼房应是1949年后所建

汪伪的特务组织，是让国人极其憎恨的地方。而颐和路21号就曾是这样的"魔窟"。

1938年，丁默邨、李士群等人在上海成立汉奸特务组织——特工总指挥部（即"特工总部"，也称

"76号"），地点设在极司菲尔路76号。该组织主要针对在敌后从事爱国活动的革命志士。

1939年5、6月间，汪精卫到达上海，8月，汪伪筹组"国民党第六届全国代表大会"，特工总部成为汪伪国民党中央的直属特务机关。

之后，汪精卫、陈公博等人积极筹措"还都"南京，特工总部为加强在"还都"南京过程及以后的保卫工作，派陈明楚等人到南京筹备建立特工组织。

陈明楚到南京后，首先破获了以余玠为首的军统地下电台，接着又破获了以温让为首的中统地下电台，还逮捕了军统在南京负责军事活动的王道生等地下组织成员多人，南京的日本宪兵队对此大为称赞，"梅机关"也极为满意。

9月，上海"76号"特工总部委派副主任唐惠民任特工总部南京区区长，区址即为颐和路21号。

汪伪特工总部南京区下设总务、情报、组训、侦行四处，以及秘书、译电、会计室和看守所。其主要任务是建立情报网，防止国民党军统、中统人员的破坏活动，确保"还都"安全。

唐惠民想再成立一个军事科，准备培养几百名军事基层干部，并派人到南京周围地区搜缴了很多枪支。丁默邨等人向汪精卫汇报此事，认为唐惠民私自建立武装，并还有贪污行为。结果唐惠民任南京区区长仅两个月，即被撤职。

苏成德接管南京区，成为第二任区长。苏成德原是中统苏沪区副区长，上海行动总队长，西部党部调查室主任，被李士群夫妇用麻醉药弄昏绑架，从而投靠汪伪。

南京区在苏成德的领导下完善和扩大，增设了蚌埠、芜湖两个特工通讯站，并在南京城郊建立六个分区。这时的主要任务是搜集国民党、新四军游击队及其他抗日武装的情报，逮捕、镇压爱国分子等。

苏成德干得最残忍之事就是残害国民党上海市党部的张小通。张小通在上海被捕后，被押往南京处理。苏成德命行动股长刘炳元、看守所长童国忠等人，将张小通押至中央路大树根行动科办公地点，用刀肢解成数块，然后用硝镪水毁尸灭迹。

国民党南京市党部委员陆庆颐等二人，也被苏成德逮捕，经呈报汪精卫后处以死刑，后由苏成德的后任马啸天将陆庆颐等人押赴雨花台处决。

1940年夏，苏成德为巴结汪精卫，接近"公馆派"的核心人物陈璧君等人，李士群对此大为不满。而此时丁默邨的二弟丁时俊在南京丽都花园被人暗杀，李士群借机将苏成德免职，另调别处"任用"。

10月，马啸天接任南京区区长。

马啸天任区长期间，手下的特工人员大都在汪伪警政部政治警察署及政治警卫总署兼职，并参加洪帮组织，还在工商企业及社团组织中发展情报网，收集情报。

1941年，马啸天为对付军统忠义救国军活动，专门成立了"肃清渝方忠义救国军工作团"。国民党在南京的地下组织基本被摧毁。

1943年10月，"76号"特工总部被撤销，南京区改为"军委会政治部政治保卫局直属南京政治保卫分局"，晋辉任少将分局长。

政治保卫分局所破获的大案中，有经济案件，也有新四军以及军统方面的活动案件。

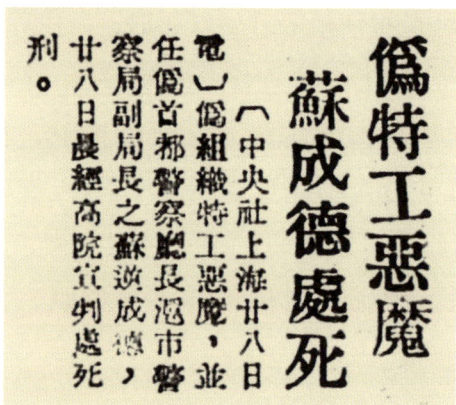

苏成德在上海被处死
（《大锡报》1946年8月29日）

1945年1月，"直属南京政治保卫分局"改组为"政治保卫总监部南京直属区"，姜颂平任区长。6月，赵光涛接任。

抗战胜利后，汪伪特工恶魔苏成德被判处死刑。

颐和路 23 号：陈布雷公馆旧址

颐和路23号为南京化学（集团）公司所有，但现在基本处于空置状态，院中落满了树叶。

1936年4月—1937年10月，陈布雷曾居住于此。

如今的颐和路23号，靠马路的这幢楼应是1949年后所建

陈布雷在1936年12月31日的日记中记载："十时军法会审开庭，蒋先生为避嚣避客，约余同至颐和路寓所休憩。"

那么蒋介石为何要到陈布雷的寓所休息，以及陈布雷的这个"颐和路寓所"到底在哪？

陈布雷于1948年11月自杀的二十多天后，希遐在《申报》发表纪念文章《布雷先生之謦欬》，对蒋介石当年的休息之所，尤其是门牌号码，有明确记载，"委员长至颐和路廿三号陈寓小休半日"。

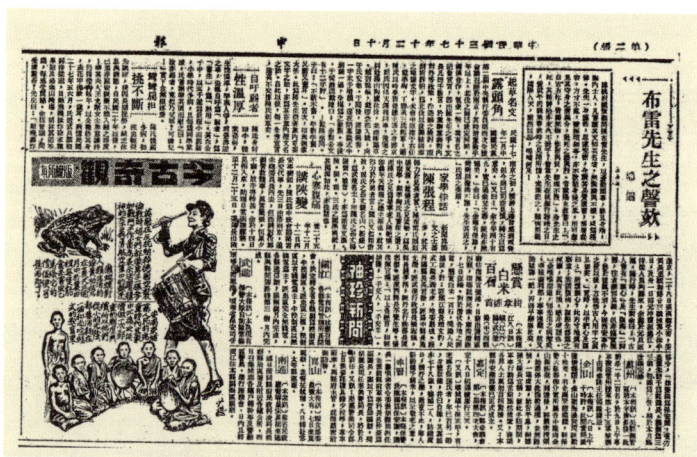

《布雷先生之謦欬》一文称颐和路23号为"陈寓"（《申报》1948年12月10日）

1936年"西安事变"结束后，张学良送蒋介石返回南京。张学良到南京后即被软禁，几天后，军法会开庭审判张学良。12月31日，蒋介石在陈布雷的颐和路寓所休息半日，是为了等待审判结果。

而希遽的文章记载，张学良受审是12月28日。由于此文写于陈布雷去世仅一个月，回忆12年前的张学良南京受审，应该是有日期上的记忆误差，但对蒋介石的休息之所，尤其是门牌号码，却记载得非常明确，是"颐和路廿三号陈寓"：

……当二十五年十二月十二日西安事变起，陈氏为中政会副秘书长交代事，先三日由洛到京，遂未随委员长西去，但商议讨伐筹划营救诸事，异常紧张，恒累夕不寝，故辛劳特甚。余于十四日见招入京，助理日常函牍杂务。至十二月二十五日，委员长出险还京，二十八日张汉卿受审，委员长至颐和路廿三号陈寓小休半日，及卅一日邵元冲灵柩过江，侍从人员均归来，余遂于元旦返沪。……

陈布雷紧随蒋介石，始于1934年5月出任军事委员会南昌行营设计委员会主任。至1948年11月去世，陈布雷一直是蒋介石的首席秘书、首席幕僚长。在蒋介石的心目中，陈布雷的分量是其他国民党大员无法相比的。

　　由于蒋介石在陈布雷寓所等待张学良审判结果的行踪是极其隐秘的，除非极其亲信之人，否则外人基本无从知晓。如非陈布雷于1948年突然故去，旁人可能也不会再回忆十多年前的往事，加上后来陈布雷日记的出版，两方面的信息可以相互印证，"颐和路廿三号"的往事才得以显现。

　　陈布雷入住颐和路23号，是在1936年4月18日。

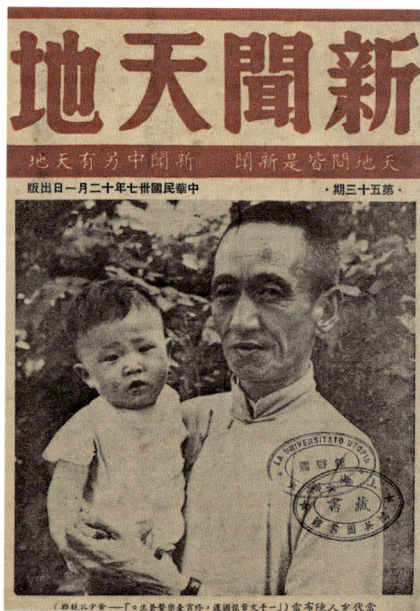

1948年的陈布雷
（《新闻天地》1948年第53期）

陈布雷之前来南京，一般下榻中央饭店。1935年国内相对安定之后，陈布雷于1935年10月19日入住新住宅区的"灵隐路八号"。

至1936年3月，灵隐路八号主人要回来，故陈布雷只能另寻住处，于4月18日入住"颐和路二十三号新寓"。

1937年"八一三"之后，南京频遭日军空袭，从安全角度考虑，陈布雷于9月22日转移到永庆巷陈武鸣的寓所居住，但颐和路的寓所仍保留。

10月31日，陈布雷感觉两处房子开支太大，决定将颐和路23号退租。11月26日，陈布雷乘船离开南京。

陶希圣在多年后回忆陈布雷文章中，叙述陈布雷住"颐和路四号"（即现在的6号）。但实际上这个地点是不准确的。

陶希圣在南京见到陈布雷，是在1937年11月。

1937年6月26日，陶希圣作为北京大学的代表，被邀请赴庐山参加庐山谈话。随着抗战全面爆发，陶希圣离开庐山后，主要受邀在武汉等地讲演，直至11月4日晚才乘英国怡和公司的德和轮来南京。

陶希圣在《忆陈布雷》中记载："布雷先生住南京颐和路四号。"（《传记文学》第四卷第五期）

此时的陈布雷已住在永庆巷，但由于侍从室第二处的临时办公室自"八一三"之后就设在了四卫头，紧靠颐和路，那么陶希圣来南京后，在"颐和路四号"（现6号）见到陈布雷是很有可能的。但这里显然不是陈布雷的居住之所。

颐和路 39 号：俞济时公馆旧址

　　如今的颐和路37号向西至西康路路口有很长一段距离，但没有大门，故而看不到"颐和路39号"的门牌号码，而需向左拐弯，转到天竺路上，方能发现有大门，以及"颐和路39号"的门牌号码。

如今的颐和路39号的大门开在天竺路上，而颐和路上没有门

汪伪时期，颐和路39号为陈璧君的母亲卫月朗所居住。

1945年5月27日，卫月朗在颐和路39号寓所去世，不久葬于梅花山。

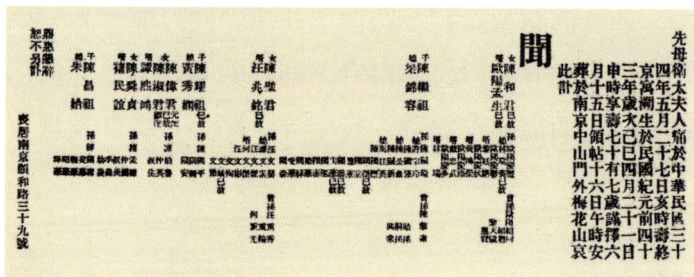

卫月朗讣告（《申报》1945年6月14日）

俞济时于1945年12月1日被任命为国民政府参军处军务局局长。俞济时同时还兼任蒋介石的侍卫长，为蒋介石极为信任之人。抗战胜利后，俞济时基本也是跟着蒋介石四处奔波。应该说，俞济时是没有时间为房子而操心的。

而颐和路39号房屋使用权的取得，应该与其部下邱维达有关。

1937年"八一三"淞沪会战爆发后，俞济时为七十四军军长，率部参加了淞沪会战，其时王耀武任

军务局局长兼侍卫长俞济时跟着蒋介石赴沈阳视察
（《艺文画报》1946年第1卷第1期）

七十四军五十一师师长，而邱维达为五十一师三〇六团团长。他们也都参加了12月的南京保卫战。

抗战胜利后，南京首先由新六军接管，不久新六军调往东北，南京城防改由七十四军接防。1945年10月初，南京正式成立警备司令部，七十四军五十一师师长邱维达率部进驻南京，任南京警备司令，正式全面负责南京地区的卫戍任务。

从接收敌产角度看，邱维达取得颐和路39号的使用权是比较"便利"的，而俞济时到南京时入驻此处也就顺理成章。

　　国民党中央党部所编《中央委员通讯录》，中共中央社会部所编《南京调查资料》，均注明俞济时居住在颐和路39号。

下篇

颐和路现状

路网结构保存完整

踏入颐和路，给人印象深刻的，一是道路两边高大的遮阴的行道树，二是犹如迷宫一般的路网。

从1930年算起，到如今尚不足一百年，而颐和路街区里的不少树木已经近120岁的"高龄"，这些树木是住宅区刚开发时就在这里，还是后来什么时候移栽过来的，不得而知。

"新住宅区"以方格网结构为基础，局部为三角形，由颐和路、宁海路、牯岭路、琅琊路等十几条马路构成。街区内部道路垂直相交，笔直宽阔，主要道路交会点都设有公共绿地，供人休憩。

近百年了，由这十几条马路构成的路网结构基本没有变化，非常完整地保留下来。即便是1966年之后有一段时间，南京的很多名称发生变化，如鼓楼区改为"延安区"，颐和路改为"八一路"，莫干路改为"奋战路"，等等，但整个街区的路网格局没有发生变化。

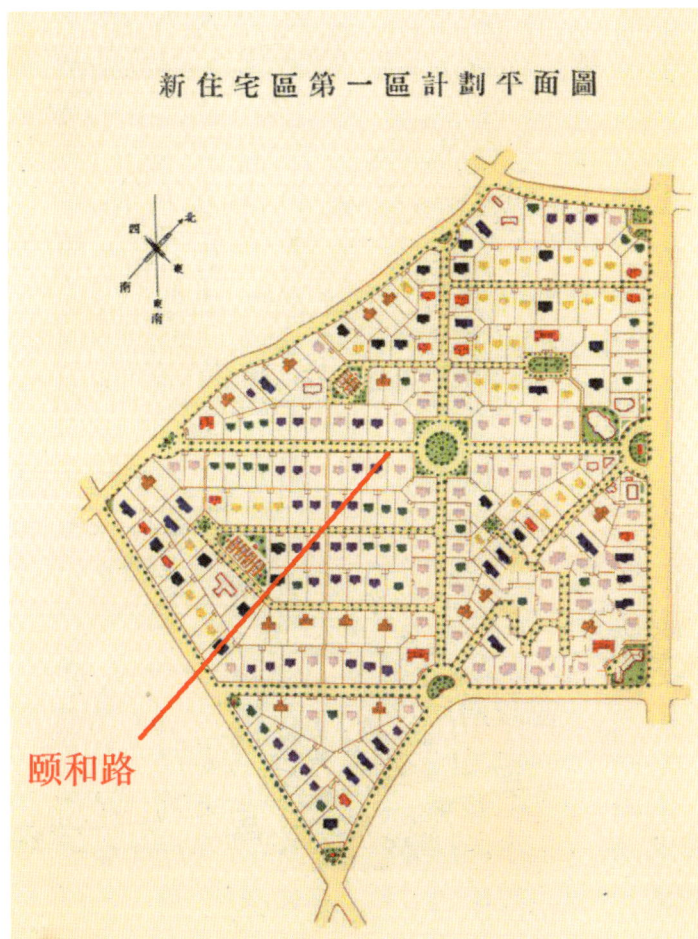

新住宅区第一区计划平面图［《南京市新住宅区（亦名花园住宅区）图案及领地建筑章程》，南京市政府1930年10月印行］

南京市街道图（南京市城市建设局勘察测量大队，1967年6月）

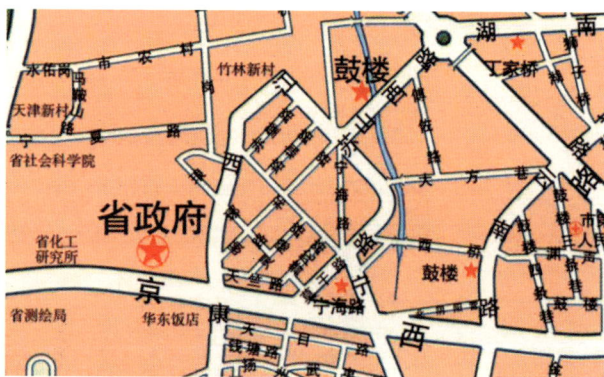

南京市区图（1995年版）

至二十世纪九十年代，颐和路街区的路网格局依然保存完好，这也使得我们如今能身临其境，体会到九十多年前的街区样貌。

颐和路历史文化街区

由山西路而入颐和路，在入口处圆形广场的先锋书店旁边的墙上，可见两块牌子，一块是江苏省人民政府于2015年4月公布的"颐和路历史文化街区"，注明"该街区是南京目前保存最完整的民国时期花园洋房住宅区和国外使节公馆区，是南京民国历史文化风貌的重要载体和集中展示地"，并确定了保护范围："东至宁海路，南至北京西路，西至西康路，北至江苏路。"另一块是住房和城乡建设部、国家文物局于2015年4月公布的"第一批中国历史文化街区：颐和路历史文化街区"，内容和江苏省人民政府公布的一致。

颐和路历史文化街区的外围涉及江苏路、宁海路、宁夏路、西康路、北京西路，内部涉及颐和路、珞珈路、赤壁路、牯岭路、琅琊路、灵隐路、普陀路、莫干路、天竺路。——颐和路位于颐和路历史文化街区的中心位置。

颐和路历史文化街区（江苏省人民政府2015年4月公布）

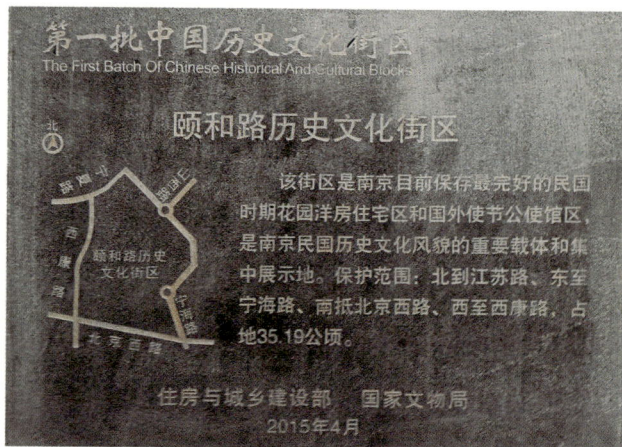

第一批中国历史文化街区：颐和路历史文化街区（住房和城乡建设部、国家文物局2015年4月公布）

　　由于街区路网保存完好，街区里的近三百处民国院落也基本保留下来。加之1949年后，颐和路街区里的各幢楼房大都是部队、省级机关、市级机关等单位在使用，也基本没有改变这些楼房的使用性质，依旧是住宅，故而整个街区的原始状况保存较好。现纳入文物部门保护的各类院落有225处。

　　只是有些院落里的楼房，会出现一幢楼房被分配给几家居住的情况。时间久了以后，不少楼房的产权关系变得较为复杂，使得这些楼房的维修养护往往难以落实，所以导致不少楼房破损严重。这还需找到切实可行的办法，使得这些民国建筑得到较好的保存。

　　颐和路历史文化街区反映了南京民国时期的建筑风格，当年又有众多影响中国历史进程的名人居住其中，这些民国建筑和当年的风云人物联系起来，更加凸显颐和路街区的历史价值和人文价值。

主要参考资料

1. ［民国］国民政府编印：《国民政府公报》（1927—1948）

2. ［民国］陆丹林编：《市政全书》，中华全国道路建设协会1928年

3. ［民国］南京特别市市政府秘书处编印：《首都市政公报》（1928—1931）

4. ［民国］南京市政府秘书处编印：《南京市政府公报》（1931—1948）

5. ［民国］《南京特别市市政府职员录》，南京特别市市政府1929年6月编印

6. ［民国］国民政府文官处印铸局编：《职员录》，1930年第1期

7. ［民国］《南京市新住宅区（亦名花园住宅区）图案及领地建筑章程》，南京市政府1930年10月印行

8. ［民国］《建造南京新住宅区住宅工程说明

书》，华盖建筑事务所编印

9.［民国］国民政府文官处印铸局编：《职员录》，1931年第1期

10.［民国］《交通部首都电话局号簿》，交通部南京电信局1934年编印

11.［民国］《袖珍电话号码簿》，交通部南京电信局1947年编印

12.［民国］《三中全会中央委员、列席代表临时通讯录》，中央党部秘书处1947年3月编印

13.［民国］《中央委员通讯录》，中央党部秘书处交际科1948年1月编印

14.《南京市接管代管房屋简明手册》，军管会房产管理处1950年5月编印

15.《民国时期国民党政府党政军要员在宁房地产情况汇编》，南京市房管局产权监理处档案室1995年编印

16.《南京房地产志》编纂委员会编：《南京房地产志》，南京出版社1996年版

17.卢海鸣、杨新华主编：《南京民国建筑》，南京大学出版社2001年版

18.经盛鸿著：《南京沦陷八年史（1937年12月13日至1945年8月15日）》，社会科学文献出版社2005年版

19.国都设计技术专员办事处编：《首都计划》，南京出版社2006年版

20.书报简讯社编：《南京概况》，南京出版社2011年版

21.薛梦姣著：《基于民国地籍图的南京颐和路公馆区空间形态研究》，南京大学2016年硕士论文

22.赵珊珊著：《南京颐和路街区近代规划与建筑研究》，东南大学2017年硕士论文

23.胡占芳著：《南京近代城市住宅研究（1840—1949）》，东南大学2018年博士论文

24.中共南京市委党史工作办公室、南京市档案馆编：《南京调查资料校注》，南京出版社2019年版

25.张元卿、尹引著：《复成新村的陈年旧事》，广西师范大学出版社2019年版

26.何劲雁著：《花园洋房中国化——颐和路街区花园洋房自民国规划至今形态演变研究》，南京大学2020年硕士论文

27.尹引著：《一代水工汪胡桢与南京"新村"建设》，广西师范大学出版社2020年版

28.杨新华主编：《百年颐和　万国风华——南京颐和路历史文化街区研究》，南京出版社2022年版